U0624786

赋能成长

——携手打造优秀班集体

主　　编：郭德利

副 主 编：刘晓梅　　于　彦　　熊小莹　　侯永勉

编　　委：郭德利　　于　彦　　熊小莹　　侯永勉

　　　　　林海燕　　房璐璐　　戚金鹏　　毕维萍

　　　　　董作燕　　赵雪凌　　曲　蕾

中国海洋大学出版社

·青岛·

图书在版编目（CIP）数据

赋能成长：携手打造优秀班集体 / 郭德利主编. —青岛：中国海洋大学出版社，2023.11
ISBN 978-7-5670-3720-5

Ⅰ. ①赋… Ⅱ. ①郭… Ⅲ. ①中小学—班主任工作 Ⅳ.①G635.16

中国国家版本馆CIP数据核字（2023）第243354号

赋能成长——携手打造优秀班集体
FUNENG CHENGZHANG——XIESHOU DAZAO YOUXIU BANJITI

出版发行	中国海洋大学出版社
社　　址	青岛市香港东路 23 号　　　**邮政编码**　266071
网　　址	http://pub.ouc.edu.cn
出 版 人	刘文菁
责任编辑	矫恒鹏　郝倩倩
印　　制	日照报业印刷有限公司
版　　次	2023 年 11 月第 1 版
印　　次	2023 年 11 月第 1 次印刷
成品尺寸	170 mm × 230 mm
印　　张	8.75
字　　数	152 千
印　　数	1 ～ 1 000
定　　价	58.00 元
订购电话	0532-82032573（传真）

发现印装质量问题，请致电 0633-8221365，由印刷厂负责调换。

前言

班主任落实立德树人根本任务，培育具有社会主义核心价值观的新时代社会主义建设者和接班人，是时代的使命和历史的责任。

最新的调查结果显示，一名班主任的受欢迎程度与他（她）的育人理念、行为方式密切相关。受欢迎的班主任主要有以下几个特点：

◎亲和力强，善于沟通；

◎具有同理心，关注学生情感变化和需求并适时给予帮助和鼓励；

◎学科教学生动有趣，能激发学生的求知欲；

◎以身示范，能够用自己的亲身经历和故事启发学生思考和探索；

◎尊重学生的个性需求，给予学生足够的自由和空间获得自我成长和提升；

◎关注学生的努力过程，及时赞美学生正确的行为，能够使学生在班集体生活中感受到快乐和自信。

班主任积极培养良好的专业素养，坚持"有教无类"，用"心"点燃每一名学生追求梦想、追求卓越的火焰，培养出有志气、有骨气、有"家国"情怀的和谐发展的人，是我们需要坚守的教育理想，同时也是学校、班级需要坚守的文化内涵。另一方面，一名坚守教育理想，具有良好教育教学素养的班主任对于和谐师生关系，有效开展德育科研和文化建设，建设优秀班集体，助力学生全面、和谐发展，起着不可替代的重要作用。

当然，广大中小学班主任在专业精神、专业能力以及专业实践与成长等方面的发展水平并不一致且自我提升的内在动力也存在差异。更应引起注意的是，班主任面临着各种职业生存状态，其中包括"不愿做""不会做""不宜做"的"三不"现象。我认为这三种状态的出现可能源于以下原因。

1. 缺乏动力和激励。班主任可能因为工作压力大或不确定的职业发展前景而失去工作的动力，导致不愿意承担一些较为辛苦或复杂的工作任务。他们可能认为这些任务不仅会增加工作负担，还可能对个人利益产生负面影响。

2. 缺乏专业知识和技能。可能源于班主任教研文化和教研体系的不完善，也可能源于班主任缺乏持续的专业发展机会，造成他们在面对一些新的工作任务或教育挑战时感觉困难，缺乏自信。

3. 个人特点和能力不适合班主任工作。每个班主任都有自己的个人特点，而某些班主任的工作任务可能与他们的个人特点不太相符，例如，有些班主任性格偏内向，不适合做大量的班级沟通工作、家校沟通工作；有些班主任可能缺乏组织能力，难以胜任班级管理工作。

为了应对这些问题，主要策略在于建立起积极的班主任教研文化与教研体系，营造良好的工作氛围。通过提升班主任专业化能力，鼓励班主任创新性工作，发挥班主任在学校实施教书育人、管理育人、服务育人和沟通学校、家庭、社会等方面的重要作用，整体提高班主任专业化水平和职业幸福感。

"学有道，学有法，学有效"，山东省郭德利优秀班主任工作室汇聚一线班主任的工作经验和智慧，通过"班主任专业化发展的基本理念""班级的有效经营""学生管理的心理学智慧""家校共育""课程资源展示"等板块，进行积极的思考与分享，为完善班主任教研体系提供资源参考，也希望提高一线班主任的职业幸福感和工作效能，助力学生更好地成长。

山东省优秀班主任工作室主持人　郭德利

目录

第一章

班主任专业化发展基本理念

班主任的角色定位

房璐璐

"中小学班主任是中小学教师队伍的重要组成部分，是班级工作的组织者、班集体建设的指导者、中小学生健康成长的引领者，是中小学思想道德教育的骨干，是沟通家长和社区的桥梁，是实施素质教育的重要力量。"（《教育部关于进一步加强中小学班主任工作的意见》，教基〔2006〕13号）

教育工作的根本是育人。在教育过程中，我们应确保学生身心健康成长，德育教育尤为重要。因此，要着力构建中小学有效衔接的德育工作体系，加强德育教育工作的有效性和针对性。而班主任在德育工作中肩负重要责任，国家和社会对班主任工作寄予厚望，同时也提出了较高的要求，其中之一就是班主任应具备角色意识，有精准的角色定位。"角色意识"是指人们在承担某种角色时，明确意识到自己正担负着责任，意识到社会及他人对自己行为的期待，并决心努力用自己的行动去表现。班主任角色意识的强弱将直接影响到班主任在管理班级的过程中对自己行为的负责程度，学生需要必要引导，作为班主任，我们应该有以下清晰明确的角色定位。

一、班主任是德育工作的排头兵

在学校工作中，班主任是始终站在德育教育最前沿的人，要领导班级建设，组织开展各项班级工作，并且要及时处理学生的各种常规或突发状况，与家长进行沟通。班主任日常事务烦琐且辛苦，但其工作成效又直接或间接影响家长及社会对学校德育工作的评价，同时会对学生产生深远影响。因此，班主任必须具备教师最优秀的品质，并且班主任应该从原来的"经验型"向"研究型"转变，以专业化的业务能力和更高的职业道德素养，成为德育工作队伍中的排头兵。

二、班主任是班级建设的组织者

班级是学校行政管理的最基层组织，也是班主任工作的主阵地。现实工作中我们不难发现，每个班级的建设和发展都带有明显的班主任个人风格。班主任的专业素养水平会影响班级的发展方向。班主任是班级建设的组织者，无论是班级团队的建设、班级文化的确立，还是班级的发展走向，都离不开班主任的引导。因此，班主任在工作中，既要关注班级常规管理，还要处理好许多消耗精力的琐事。但班级特质的塑造，也恰恰是在琐事的处理中逐渐完成的，因此班主任应该有开阔的视野，组织班级团队和文化建设，塑造班级性格。

比如，优秀班主任带班会特别注意几个节点：第一次见学生——确立规则；第一次见家长——获得信任；几种危机事件的第一次处理，如打架、顶撞老师、违反班规——树立班主任形象，在碰撞中了解学生内在需求，进行班级思想教育。当然，这里说的不是通过吼叫或惩罚树立班主任的绝对权威，而应是用学生意想不到的方式"大错小惩，关注后效"或"小题大做，整治班风"，在班级建立之初，就明确班级的重要规则。同时，通过丰富的班级活动，打造富有个性的班级文化，组建班委团队，鼓励学生参与班级建设，鼓励学生对班级进行自我管理，尊重班委意见，增强学生的主人翁意识。建立班级学习竞赛和生活团队，让每个层次的学生都有通过努力为自己的团队争得荣誉的机会，避免用"优生""差生"的刻板印象评价和定性学生。同时实行严明的奖惩制度，做到公平、公正。尤其注重表扬学习困难学生和行为习惯有不足的学生的进步，努力打造一支团结、自信、有梦想、有毅力、有动力的优秀团队。

三、班主任是学生成长的领航员

中小学阶段是学生学业提升和成长发育的重要节点。随着年龄增长，学生要面临来自学业的压力、家庭的期望、青春期生理和心理的急速变化等一系列问题，同时，中小学阶段也是他们的人生观和价值观形成的重要阶段。关注每一个学生的身心健康及全面发展是德育工作最重要的内容，是对班主任提出的必然要求。

班主任首先应该关注学生的思想发展，引导学生坚定崇高的理想信念、树立正确的世界观、人生观和价值观，为其思想成长导引正确方向。其次，应该关注学生的知识学习。青少年阶段，是学生学习文化、积累知识的重要阶段，但是由于年龄特点，他们的专注力和持续学习的能力需要老师引导和培养。班主任要充分发掘学生的观察力、创造力、思维力，保护他们的求知欲，调动他们的学习热情，养成良好的学习习惯，为学生的成长赋能。

此外，班主任还应关注学生的长远发展，培养学生健全的人格和健康的心理，关注学生的精神成长，做他们的朋友和精神导师。学生青春期的迷茫、人际交往的苦恼、情绪状态的调控等，都需要班主任的协助指导。"教育要为未来负责"，培养学生的自尊自信、良好的学习力、人际沟通和交往能力、坚定的意志品格、强健的体魄等，都应该是班主任工作的重要内容。

总之，班主任对学生的成长有重要作用，一个优秀的班主任，不仅应该是学生人生路上的导师，也应是他们心灵的伙伴，是他们精神成长的领航员。

四、班主任是家校沟通的连接者

孩子的教育，起始于家庭，发展于学校，完善于社会。良好的教育，一定是家庭、学校、社会形成合力、共同努力的结果。班主任老师作为学校德育教育最直接的实施者，承担着连接学校和家庭的重要职责。

首先，班主任要尽职业责任，主动承担学生在校的监护责任。要教育学生在校期间的言行，保证学生在校期间的安全和健康成长。同时，及时向家长反馈学生在校的表现，与家长一起寻找合适的教育方法，达到良好的教育效果。

其次，班主任是家校信息互通的重要纽带。班主任要向家长传递学校教育的各项政策和信息，帮助家长了解一线教育咨讯，解答家长的各种困惑。同时，了解家长的需求，听取家长的建议，及时向上级反馈，以期不断改进，提升学校教育质量。

此外，班主任还应积极组织班级内的家长沙龙或家庭教育小讲座，为家长提供专业帮助。在青春期教育、亲子关系、青少年心理健康等方面给予家长专业指导，协助家长为学生的全面健康成长营造良好的家庭环境。

班主任工作的认知与实践

熊小莹

入职两年的王老师特别爱学生，从生活上关心学生，还能和他们玩在一起，学生也特别喜欢她。每当有人问起他们最喜欢的老师是谁时，学生总是甜甜地回答："当然是我们的王老师。"可是她与学生的双向奔赴并没有让她的班主任工作变得顺利，反而是每天都在忙着"救火"。

王老师班级的学生很活跃，但很多人不遵守纪律，缺乏集体荣誉感。虽然王老师每天都要求学生要遵守纪律、要讲究卫生，但学生毫不在意，下课铃一响就在走廊里横冲直撞，弄得垃圾满地；学生间各种冲突不断，任课老师也经常找王老师投诉。在一次与家长很不愉快的沟通后，这位年轻的班主任老师坐在办公室里暗自垂泪。

同办公室的刘老师看到后询问，王老师委屈地说："我们班学生课间发生冲突，我给受伤学生的妈妈打电话，她说我连学生都看不好，算什么班主任。刘老师，我已经很努力了，每天最早到校、最晚下班，可学校布置的工作没有完成，家长也总是不满意。"刘老师安慰她后指出：想要当好一个班主任，对学生不仅要有爱心，还要有方法，更要明确班主任工作的职责、内容与工作原则。

一、加强学习，明确班主任工作职责

班主任工作不是仅凭一腔热血就可以完成的，需要对于班主任工作职责、工作内容与工作原则有清楚的认识，才能更有针对性地工作。

中共中央、国务院《关于进一步加强和改进未成年人思想道德建设的若干意见》中提出："要完善学校的班主任制度，高度重视班主任工作，选派思想素质好、业务水平高、奉献精神强的优秀教师担任班主任。"《教育部关于进一步加强中小学班主任工作的意见》中指出："中小学班主任是中小学教师队伍的重要组成部分，是班级工作的组织者、班集体建设的指导者、中小学生健康成长的引领者，是中小学思想道德教育的骨干，是沟通家长和社区的桥梁，是实施素质教育的重要力量。中小学班主任工作是学校教育中极其重要的育人工作，既是一门科学，也是一门艺术。"该文件解读了班主任工作的职责，并强调了班主任工作的重要性。

这些文件在反复强调班主任在学校教育中的重要地位与作用的同时，明确规定了班主任的工作职责与工作内容，对做好班主任工作起到了指导作用，为班主任工作指明了方向。

二、不断梳理，明确班主任工作内容

可以这样说，义务教育阶段班主任是学校立德树人目标最重要的实施者，是进行教育管理的中坚力量，目前义务教育阶段的班主任都要在完成本人工作的同时进行班级管理，完成上级交办的各项任务并处理突发情况，工作内容异常繁杂。明确班主任工作的边界可以帮助班主任知道哪些工作是重要而必要的，哪些任务是自己班主任工作范畴之外的。从学校教育工作出发，班主任的工作内容包括以下几个方面。

（一）学生教育要到位

作为班主任，要坚持以德为先，对学生进行思想品德教育，帮助学生明是非、辨对错、知荣辱、爱劳动，培养热爱祖国、热爱生活、有良好习惯、有远大理想与抱负的未来公民。要尊重学生个体，关心他们的课外生活；不以学习成绩为单一的评价标准，全面观察、公正评价。要建立适合学生身心发展特点的动态管理，"以评促育"，达到用评价引导教育的目的。

（二）班级管理要落实

1. 用班规加强班级管理

发挥学生的主观能动性，师生共同建立科学合理的班级日常行为规范。班主任应当积极地跟进，通过开展活动进行行为规范教育，培养学生良好的日常行为习惯，增强他们的集体荣誉感。在上面的案例中，小王老师虽然非常爱自己的学生，但是在班规建立与规范教育上没有落实，从而导致纪律松散，增加了班级管理的难度。

2. 引导学生做班级的主人

要想让班级更加健康地发展，不能仅仅靠班主任自己的力量，还需要加强学生自主管理。哪怕是小学低年级，也可以采用人人都是班级管理员、班干部轮任等方法，培养学生的主人翁意识与自我管理能力，在潜移默化中让学生学会独立处理问题，从而让学生真正成为班级的管理者。这样在减轻班主任工作压力的同时，培养了学生的管理能力与公民意识。

3. 开展丰富的活动促班级文化建设

每个班级都有自己的班风，积极向上的班风对于班级的健康发展至关重要。因此班主任在开展班会等教育活动时就要有所侧重。活动之前一定要想清楚：这节班会课或者这个活动的目的是什么；在丰富学生的生活之外，还可以达到什么目的。挖掘每一次活动的班级教育方向，例如，在举办校园球赛时，除了比赛的输赢之外，还要强调团队合作、队员要有积极的比赛态度、观赛礼仪等。可以挖掘的很多，要让每一次活动成为班级管理的契机，而不要当作负担。

（三）教育合力要形成

学生是社会人，除了学校教育之外，也离不开家庭与社会的影响，曾经有班主任抱怨"5+2=0"。意思是学校教育五天的成果，在学生回到家休息的两天就消磨殆尽了。如果要想达到良好的教育效果，最理想的状态是学校、家庭、社会携手，共同助力青少年成长。

1. 整合协调，寻求支持

班主任要认识到，遇到问题的时候，可以尝试积极主动地与分管领导、学校少先队、政教处、其他任课教师等进行沟通，寻求帮助和支持，从而形成教育合力，发挥集体教育的作用。

2. 积极与家长沟通

尝试进行家庭教育指导，畅通家校沟通渠道，实现家校协同教育。家校携手既有助于提升学生个体教育的效果，也有助于提升班集体整体水平，壮大班集体队伍。

3. 加强与社会的联系，开展社会实践

根据学生的年龄特点，定期组织学生参与各种社会实践，引导学生积极参加有益于拓宽眼界、促进身心健康发展、提升道德素养的社会实践活动。并在实践活动中，引导学生不断提升和完善内在的道德成长标准和体系，培养学生做负责任的小公民意识。

三、坚持原则，做学生的良师益友

班主任面对的工作对象是来自于不同家庭的学生，有自己的个性与特点。班主任要应对复杂多变的情况，更需要有自己的基本准则。

（一）以人为本，尊重每一个学生

1. 尊重源于了解，全面了解每一个学生

学生个性不同、家庭成长环境不同，只有全面了解学生的特点，班主任才能真正做到因材施教。因此在接手一个新班的时候，班主任可以在开班会或课间活动的时候对学生进行观察、与学生进行交流，对学生形成初步的了解，然后可以通过主题活动、家访等方式增进了解。

2. 成才先成人，以德育为先的目标导向

坚持德育为先的目标导向。义务教育阶段，学生的世界观、人生观、价值观还没有完全建立，需要教师尤其是班主任加强引导。因此，班主任在工作中，要把德育工作放在第一位，注重学生品德培养，促进学生全面、协调、健康发展。

3. 公正公平，做值得学生信任的人

班主任要把每个学生放在自己心里，公平地对待每一名学生。尤其对于需要特别关注的学生，要付出更多的耐心与爱心，以身作则，成为学生最值得信赖的良师益友。

（二）积极引导，培养乐观的学生

过去我们的教育观是，只要一个学生把错误都改正了，那么对他（她）的教育就是成功的。这种教育方式将注意力全部放在错误上，忽视了学生的成长。现在的班主任，需要转变观点，将注意力放在学生的优势与进步上。了解学生的年龄特点、尊重他们的身心发展规律，相信每一个学生都有不断成长的潜力和动力。班主任要用发展的眼光，捕捉到学生的每一点进步，适时给予肯定和鼓励，帮助学生发现自身的优势和进步，并以进步为台阶，不断体验成长的快乐。

（三）以身作则，做学生的良师益友

班主任每天与学生朝夕相处，绝大多数学生非常容易受到班主任的影响。因此，班主任除了掌握工作技巧外，还要在思想品德、文明礼仪、道德规范等方面成为学生的表率。

优秀班主任的必备条件

郭德利

"班主任是中小学日常思想道德教育和学生管理工作的主要实施者，是中小学生健康成长的引领者，班主任要努力成为中小学生的人生导师。"（《中小学班主任工作规定》）

优秀班主任是在教育工作中凭借自身高尚的师德、精湛的教学艺术、先进的育人理念和策略逐步成长起来的师德楷模、教学能手、科研工作的领路人，他们自身具备良好的教育理念，在学生管理、教学和家校合作等方面的工作卓有成效并具有一定范围的影响力。他们不仅关心学生的学习成绩，而且注重学生的全面发展和个性培养，以提升学生的综合素质和未来发展能力。从众多优秀班主任的成长经历来看，优秀班主任包括七个方面的素质内容。

一、教育的专业知识与技能

优秀班主任必须具备扎实的专业知识和技能。他们应具备丰富的学科知识，了解当前教育理论和教育改革的动态，能够运用教育教学方法和策略，灵活地设计和组织教学活动。他们应课堂教学出色，能够生动有趣地讲授知识，引发学生的学习兴趣，激发学生的学习动机。他们还应了解学生的认知发展规律和心理特点，运用合适的教育手段引导学生学习，并善于激发学生的内在成长动力。

二、以学生为中心的教育使命感

优秀班主任应该有深厚的关心学生的情感，将学生的发展放在第一位，将培养学生的全面素质作为自己的教育使命。他们应该积极培养与学生的良好关系，关注学生的身心健康，关注他们的情感变化，关心他们的困难和问题，了解他们的需要，主动为学生着想，及时给予学生帮助和鼓励。他们应该引导学生形成正确的世界观、人生观和价值观，培养学生的社会责任感。

三、良好的沟通与协调能力

优秀班主任需要与学生、家长、同事、学校领导、社会实践基地等多方进行有效的沟通和协调。他们应具备较强的亲和力、优秀的表达能力，能够倾听学生、家长等各方面的需求和问题，给予恰当的指导和建议，尤其能帮助学生解决问题并帮助他们成长。他们能够妥善处理学生之间的冲突和矛盾，与同事之间保持良好的合作关系，与家长保持密切联系，形成共同关心学生的良好合力。

四、德行兼备，以身示范

优秀的班主任应该树立正确的道德观念和价值观，对自己有高标准的要求。班主任要在工作中保持专业性和敬业精神，以身作则地坚守道德准则，积极参与学校和班级的各种活动，身体力行地体现自己对校风建设和学生成长的支持，与学生共同成长，并为他们树立榜样。

五、优秀的组织与管理能力

优秀班主任应该善于管理和引导学生，帮助他们建立良好的学习习惯、行为规范和人际关系。他们应该耐心倾听学生的问题，善于运用成功经验、制度流程、人文关怀等多种途径，合理地安排班级教学、课外活动和日常事务。他们应熟悉学校的各项制度和规定，合理地分配资源，安排学生的学习和生活，提高班级的整体运作效率。他们还应具备解决问题的能力，能够应对各种突发情况和挑战。

六、抗压能力和情绪管理技巧

优秀班主任应具备积极进取的日常心态，敬业乐业的工作心态，能够从容面对工作中的挑战和困难。他们应掌握情绪管理技巧，能够妥善处理与学生、家长和同事的矛盾，保持良好的工作状态和教学氛围。

七、不断学习与自我提升的意识

优秀班主任应该具备不断学习和自我提升的意识。他们应不断关注教育改革和发展的最新动态，通过学习进修提升自己的专业知识和工作能力。他们积极参加各类培训和研讨会，与同行交流经验，不断完善自己的教育教学理念。

班主任的爱与责任

董作燕

热爱学生、尊重学生是做好班主任工作的前提条件。对学生保持一腔爱心是所有优秀教师的共同经验。爱学生才能培养学生的爱心；爱学生才能无微不至地关心、关注他们成长过程中的每一个细节，才能为他们的每一点微小进步而衷心喜悦，才能感知他们的苦恼和困惑，并且为解决这些问题而尽心尽力。

热爱学生意味着班主任要有四心：爱心、真心、公心、慧心。教育的艺术即尊重的艺术，尊重具体体现在对学生人格的尊重、对学生内心世界的理解、对学生特殊需要的关注以及对学生有足够的耐心。

有人说，教师吃的是良心饭，干的是良心活儿，教师的工作不能用简单的时间和数量来衡量，说是工作，不如说是感悟每一个生命的起源和蓬勃发展。每个学生都有自己的性格特点，教师需要从不同的视角珍视每个生命的成长，运用不同的方式引导学生健康全面地发展。班主任作为与学生相处时间最长、接触最频繁的教师，不但要教授学生知识，还要培养学生健全的人格和良好的习惯。

一、如何做到爱学生

（一）爱学生先要做到了解学生

了解学生的家庭情况、性格特点，甚至是他们的爱好与人际交往。了解学生后才能因材施教，针对不同性格学生的情况，运用不同的方式方法来引导学生、管理学生，从而做好班级管理工作。

（二）爱学生就要关怀学生

李镇西老师指出，教育的本质是精神关怀。教育的主要目的是育人，要聚焦每个学生的核心素养，全面关注每个学生的心理健康、道德品质、审美情趣、知识能力等方面的成长，以期让每个学生在精神上得到充分的发展和提升。爱学生不仅仅是表面上的关怀，更要深入每个学生的内心深处，关心他们的情绪、状态以及心理，关注他们的精神成长。一个优秀的班主任会格外注重学生的内心世界和精神活动，关怀他们的苦乐和未来。

（三）爱学生就是尊重学生

充分尊重学生的人格，尊重学生的个性差异和需求，促进不同学生的全面发展。俗话说，亲其师而信其道，班主任要用尊重学生赢得学生的尊重、信赖、爱戴，用尊重引导学生在人格意志、兴趣爱好等方面获得良好发展，最大限度地调动学生的主动性和积极性。

二、如何体现班主任的工作责任感

爱是教育的核心主题，责任是教师永恒的信念。师爱的最高境界就是责任，责任是班主任的灵魂，是做好班主任工作的前提保证。著名班主任李镇西老师指出，班主任的责任感体现在他们在日常工作中，要认真负责，不能敷衍了事，更要着眼于培养学生优秀的性格品德和良好的习惯，所以班主任的责任感主要体现在耐心与细心两个方面。

（一）耐心是班主任责任感的支撑

1. 耐心是一种理解

班主任要多站在学生的角度思考问题，体会学生的思想和做法，充分理解学生才能更好地引导学生。

2. 耐心是一份宽容

对学生要宽容，他们正在成长过程中，满怀爱意地帮助和教育学生，让学生在宽松的教育环境中全面发展。

3. 耐心是一份期待

教育学生正如撒下一颗种子，慢慢地等待它发芽、生长，在过程中耐心地为它浇水、施肥、修枝护叶，等待它长成参天大树。

班主任有耐心作为支撑，就会冷静地处理班级里出现的各种问题，不受自身情绪的左右，妥善地解决问题。作为班主任，重要的是引导学生培养好习惯或者改变不良习惯。此时，耐心显得尤为重要，因为一个好习惯的养成或者不良习惯的改变往往是一个长期的过程，需要班主任不断地提醒、指正和引导。个别学生意志力薄弱、自控力差，他们的错误言行会变化无常、反复出现，不能仅仅经过一场谈心或交流就认为他们能改变。班主任应该耐心地分析每一个不良行为的成因，随时发现并及时处理，多次引导，鼓励他们一步一个脚印地慢慢提升，改变错误的行为，养成正确的行为。

（二）细心是班主任责任感的保障

班主任工作琐碎而繁杂，要细心观察、细心引导学生的成长。班主任应该是一个细心的人，他们要密切关注学生的变化，及时了解他们的想法。把学生的一举一动、一言一行都看在眼里、记在心里，并细心发现他们身上的优点，开导消极的行为，以促进他们产生积极的情感。

在班级管理中，要细心引导，及时鼓励班级中出现的积极行为。当出现突发状况时，班主任老师更要仔细了解事件的起因、经过，抓住细节分析学生的心理，根据学生思想的变化，考虑处理问题的方式方法。

是的，爱和责任是分不开的，责任以爱的形式体现，而爱可以化身为责任。选择了教育，就是选择了爱与责任，它让我们拥有更宽广的天地，更美丽的花朵，更芳香的草地。心中的那份爱与责任，将鼓励我们在教书育人的旅途中，用热情和汗水滋润每一片绿洲，用爱和责任点燃明天的希望！

做"多专多能"的班主任

于 彦

1998年7月，原国家教委制定了《中（小）学班主任工作的暂行条例》，提出了中学班主任的八条职责、小学班主任的七条职责。班主任专业化是以教师专业化为基础，以专业的观念和要求对班主任进行选择、培养、培训、管理和使用的过程。

作为一名班主任，"一岗双责"，除了讲授学科知识以外，还要负责所带班级学生的生活、学习、素质提高以及班级管理。因此，班主任需要做到"多专多能"。

一、班主任是"教书匠"

班主任，作为教师职业中的岗位之一，首先需要具备传道、授业、解惑的能力，因为一个优秀的班主任，首先应该是一个优秀的教师。在登上三尺讲台之前，教师需要掌握教育学、心理学等多门专业知识，还应储备多学科知识，构建多元化的知识结构。教师还需要讲求教学的艺术，对于教学内容不能只停留于课本，还应该适时补充，对于不同知识的讲解要采用不同的教学手段。只有将丰富的知识和恰当的教学方法结合，才能使教学活动充满活力和魅力。时代在发展，学科教育也应不断丰富变化。班主任需要在自身所任教的学科范畴，不断学习，实现与时俱进。特别是在教育改革的关键时期，班主任要积极参与教学研究，深挖教材内涵，掌握现代化的教学手段，开展课题研究等。有的班主任甚至身兼多个学科的教学，那就需要在不同领域都开展研讨学习。

二、班主任是"精神领袖"

班主任担负着群体教育和学生个体教育的双重责任。在这个过程中，班主任首先需要拥有高尚的道德品质和职业情操。作为班主任，不仅要用自己的丰富学识教人，而且更重要的是要用自己的品格教人；不仅要通过语言传授知识，而且要以自己的品格去塑造学生的品格。很多小学班主任还兼任着少先队中队辅导员的职责，中学班主任往往要带领班级的少先队员向共青团员过渡，在平时的班级建设过程中，少不了要开展思想教育。作为班主任，一定要以国家教育方针、政策为依据，从学生身心发展需要以及班级实际情况出发，因时因地、科学地开展好班级常规德育工作，对学生产生潜移默化的影响。习近平总书记曾说过："教师不能只做传授书本知识的教书匠，而要成为塑造学生品格、品行、品味的'大先生'。"因此，班主任作为一个班级的"精神领袖"、班内学生的思想"灯塔"，在道德品质方面必须"专业化"。

三、班主任是"言行导师"

俗话说，亲其师，信其道。班主任作为每天和学生打交道最多的那个人，一言一行都备受学生的关注，特别是在小学低年级学生眼中，班主任更是他们心目中的榜样、争相模仿的对象。甚至很多学生因为在上学的时候非常崇拜自己的老师，就立下了当老师的志向。启功教授提出，"学为人师，行为示范"，这是说老师应该努力做好学问，有充足的知识和良好的品格来教导学生；要努力树立良好的形象，规范自己的行为，为世人做好的典范，成为社会中的楷模。"百年大计，教育为本。"而教师是立教之本、兴教之源，承担着让每个学生健康成长、办让人民满意的教育的重任。不论是在校内还是校外，教师这个职业一直都是人们关注的焦点，作为和学生以及家长接触最多的老师，班主任更是要处处起到表率作用。因此，班主任需要具备"言传身教，为人师表"的专业化能力。

四、班主任是"心灵捕手"

青少年的身心健康状况一直受到党和国家的高度重视，做好相关工作，班主任责无旁贷。班主任不一定非得是心理方面的专家，但一定要具备相应的心理知识，在必要的时候可以为学生的身心健康发展保驾护航。所以，作为班主任，必须有探究学生身心发展规律的专业能力。

五、班主任是"协调员"

著名教育家马卡连柯曾经说过，哪里教师没有结合成一个统一的整体，哪里也就不可能有统一的教育过程。一个班集体，其各项工作的开展，班级学生的成长发展，仅仅靠班主任一个人的努力肯定是远远不够的。学校教育工作的系统性、现代教育问题的复杂性都决定了班主任必须调动和依靠一切可以调动的教育力量，形成教育合力，才能为青少年的健康发展营造一个全员育人的和谐环境。

（一）班级各学科任课教师之间需要班主任来进行协调沟通

不论是解决学科教师课堂上突发的小事件，还是需要调课、代课，或是通知学生完成某项作业任务等，都离不开班主任。

（二）学校各科室部门之间的工作安排需要班主任来统筹完成

经常有人说，"上面千条线，下面一根针"，而班主任就是那需要"穿过千条线的针"。各个科室部门的工作，很多都需要通过班主任来落实给学生、家长，如果班主任不具备协调能力，恐怕所有的事情都会一团乱。

（三）家长委员会相关工作需要班主任来牵线搭桥

家校沟通需要桥梁，而班主任就是最重要的一座。除了实现"家校"无障碍的沟通交流外，在新课程倡导"教育回归生活"的今天，还必须扩大"家校"合作的资源空间，而家长们的职业以及活动空间恰好可以为学生的生活教育提供广阔的天空。

同理，社区教育资源以及校外教育基地等都需要班主任组织联络。所以，要想为学生搭建一个最优化的教育平台，班主任必须成为一名专业化的"协调员"。

六、班主任是"活动策划者"

作为班主任，要做好班级的管理工作，对学生开展养成教育，组织开展班队会活动是必不可少的。《教育部关于进一步加强中小学班主任工作的意见》要求，班主任要组织好班集体活动。指导班委会、少先队中队、团支部开展工作，担任好少先队中队辅导员，组织开展丰富多彩的团队活动；积极组织开展班集体的社会实践活动、课外兴趣小组、社团活动和各种文体活动，充分发挥学生的积极性和主动性，培养学生的组织纪律观念和集体荣誉感。每一次活动前的计划制订、活动中间的组织安排、活动结束后的总结延伸，每件事都需要班主任参与其中。

七、班主任是"艺术大师"

除了班主任工作本身需要讲求"艺术性"外，班主任还要具备一定的艺术感受力和艺术指导能力。教育思想家蔡元培先生曾经提出"五育并举"，而我国教育方针中也要求学生德智体美劳全面发展。因此，提到"美育"，怎么能够少得了班主任？

班级中的宣传黑板、展示橱窗，是班集体中一个重要的"对外窗口"，一定要美观；学生合唱时，班主任就是台上的和声指挥；学生跳舞时，班主任就是舞美、道具师；学生表演课本剧，班主任就是导演、编剧……有了这些专业能力，才能为学生的全面以及终身发展奠定更加坚实的基础。

其实，班主任工作远不止此处罗列的这些，当学生之间发生矛盾时，班主任就变成了"调解员"，当学生不小心受伤时，班主任就是"救护员"。一个优秀的班主任，应该是"多专多能"的百变"超人"，永远为班级学生成长保驾护航。

深耕"班级建设"，落实"立德树人"

林海燕

班主任是落实"立德树人"的主抓手，是学校实施育人工作的重要力量，也是各项育人工作落地、落实、抓细的第一人。立人先立德，树人先树品。班级管理就是进行德育渗透教育的主阵地，"双减"背景下，如何在班级管理工作中做好这项工作呢？我认为只要始终秉持"让每一粒种子发芽"的教育理念，将"立德树人"思想渗透在班级管理中，就能保障学生的健康成长，建设高品质的班级生活。

一、树立典型，以身示范

"润泽生命，静待花开"，班主任是班级精神的孕育者，一个优秀班集体的塑造离不开一位优秀的班主任。

身先才能率人，律己才能服人。新时代、新形势下，对于教师个人素养的要求也越来越高。作为育人的重要力量——班主任，更是学生学习做人的楷模。班主任的言行举止、人格品质，对学生有着潜移默化的影响。身教重于言传，老师是个怎样的人，所带班级就会呈现怎样的班风，所以每次接手新的班级，班主任要把树立自己的形象作为重要的一环，通过不断地学习促进个人素养的提升，提升专业化成长的核心能力。以个人的魅力和精湛的专业知识潜移默化地影响学生、感染学生，引导学生独立自主地成长与发展，和学生们一起，去发现生命旅程中独有的旖旎，最终落实立德树人的教育目标。

除了要规范自己的言行外，班主任在一些细节上也要注意身体力行、躬身示范。如每次走进教室，当发现地上有碎屑或是课桌凌乱时，我总会以身作则、率先垂范、俯下身子、动手整理。这样简单的举动，学生耳濡目染，不知不觉中会形成一种自我约束力，时间一久，他们也会不自觉地模仿老师，为班级做些力所能及的事。时间长了，讲桌上的物品乱了，有人及时整理；门上的玻璃脏了，有人悄悄地擦好……身教着实重于言传，有了身教很多时候都可以实现"无为而治"。

二、民主管理，实现自治

著名教育家斯宾塞说过这样一句话，记住你的管教目的应该是养成一个能够自治的人，而不是一个要让人来管理的人。

学生是班级的主体，是班级管理的主人翁。班主任老师应重视学生管理工作，以德育人，润物细无声，在班级管理中渗透立德树人理念。让每一名学生都认识到自己是班级的一分子，都有责任为班级管理出谋划策，贡献自己的力量。例如，在班规制定时，班主任应始终坚持民主，全班共同参与、探讨、制定班级管理制度。学生自主参与到班规的制定中，班规就会更具约束力，班规面前，人人平等，赏罚分明，奖惩有度。班级里的每一个人，包括班主任，必须全力保证严格一贯地执行。用班规约束同学们的行为习惯，营造育人的氛围。

另外，学生自荐与民主选举相结合，公开选拔班级管理队伍，让学生自己选举班委成员，而不是班主任指定任命。只有学生自己选举出班级的领头人，才能对这些班干部更加信服。

让学生参与班级的制度建设和班干部队伍的建设，才能更好地引导他们由"他管"走向"自治"，使遵从秩序和规则成为内在的、自发的需求，让自身变得更优秀。

三、文化育人，润物无声

班级文化是一个班级的灵魂所在，班级文化具有一种隐性的教育力量，发挥着"润物细无声"的育人功效。著名教育家苏霍姆林斯基曾说过，无论是种植花草树木，还是悬挂图片标语，或是利用墙报，我们都将从审美的高度深入规划，以便挖掘其潜移默化的育人功能，并最终连学校的墙壁也在说话。

为打造具有班级特色、书香氛围浓厚的班级文化环境，可以发挥每一位学生的创造力，充分利用教室硬件资源，让他们自主发挥自己的设计才能，从多个角度、多个方面展现班级特色，力求让每一面墙壁、每一个角落都会"说话"，形成班级良好的物质文化环境。

为学生营造积极进取、团结友爱的班级成长氛围，培育充满人性关怀、催人向上的班级文化，可以引导学生共同确立班训、班风等，凝聚班级所有成员的力量与智慧，形成全班成员共同认可的班级目标和价值观念，为学生成长提供优秀的精神文化和强大的精神动力。当学生置身于一个良好的班级文化的氛围中时，必能得到精神上的振奋，习惯上的优化，从而从班级文化中汲取更多的营养，增强学生对班级的认同感和归属感，让文化育人落到实处。

四、多彩活动，发展学生

"纸上得来终觉浅，绝知此事要躬行"，德育只有在实践活动中才能被学生自觉接受，内化成意识和行为。学校、班级的所有活动，我们一定要引导并发动学生积极参加，学生积极主动地参与丰富多彩的活动，收获快乐的同时，也收获了课堂之外的知识，学生在文化育人的立体化育人环境中健康快乐地成长。如"缅怀先烈""九九重阳节""弘扬雷锋精神"活动，切实将爱国主义教育、理想信念教育、感恩教育落到实处，促进学生知行转变，唤醒学生的社会责任感、民族自豪感和爱国热情；坚持每周一升旗制度，并利用国旗下讲话、班会、板报等形式，对学生进行"五爱"教育；积极参加学校每年一届举办的读书节、艺术节、体育节、科技节四大节日，全面丰富学生的校园生活；举办朗诵、演讲比赛、辩论赛、征文比赛、画展、班级文化设计比赛、文艺汇演等活动，全面展现学生的个性特长……

另外，丰富多彩的课外活动的举行，也会将学生的生活更好地引向自然、社会和生活，利用更为广泛的教育资源，使学生得到更为广泛的关注，实现更全面的发展。如体验传统文化的课程，《弟子规》《诗经》《论语》进入语文课堂，让学生们感悟中华文化的源远流长；走进二月二农场，让学生体验农耕文化、树立劳动观念、提升劳动技能，让学生真正成长为对社会有用的人；定期组织学生去茶文化博物馆参观考察，走进茶园亲身体验采茶，认识家乡特产茶叶的相关知识，了解茶文化，从而激发热爱家乡热情……

多彩的实践活动，加大了活动育人的力度，全面提升了学生的综合素养，促进了素质教育的发展。

五、协调发展，全员育人

"双新""双减"背景下，学校开展全员育人导师制。在"教师人人做导师——学生人人有导师——家长人人联导师"的联动机制中，教师的身份转变成了学生的"良师益友"和家长的"合作伙伴"。导师的身份带来的不仅是称呼的变化，更是教育理念的更新。以前当班主任更多的是关注学生成绩，成为导师后，我们关注更多的是对学生的思想引导、学业辅导、心理疏导、生活指导与成长指导的全面赋能，关注学生学习力、发展力、实践力等必备品格和关键能力的建设与提升。

六、家校联手，协同育人

每个人的成长都离不开家庭、学校、社会三方共育，而所有的教育中家庭教育是根。教育部等十三部门《关于健全学校家庭社会协同育人机制的意见》指出，建立健全学校家庭教育指导委员会、家长学校和家长委员会，落实家长会、学校开放日、家长接待日等制度……充分发挥家长委员会的桥梁纽带作用，以多种形式听取家长对学校工作的意见建议。班级管理要学会借力，通过家长驻校办公、家长大课堂、家长开放日、家庭教育服务站等活动，搭建家校协同育人平台，共同探索解决问题的策略与路径，提高家长科学教育子女的能力，更有效地助力学生健康成长。

另外，定期开设家长大课堂，将更多的家教经验、方法、体会传递给家长；定期召开家长会，家长们相互交流学校教育和家庭教育中的成功做法及遇到的问题，进行一些经验介绍、个案分析，反馈学生的在校表现和在家表现，在学生的教育管理上形成共识，使家校协同更有实效和力量。教育部等部门《关于健全学校家庭社会协同育人机制的意见》中指出："每学期至少组织2次家庭教育指导活动，积极宣传科学教育理念、重大教育政策和家庭教育知识，介绍学校教育教学情况，回应家长普遍关心的问题。""坚持协同共育。明确学校家庭社会协同育人责任，完善工作机制，促进各展优势、密切配合、相互支持，切实增强育人合力，共同担负起学生成长成才的重要责任。"

家校协同育人机制，使家长的家庭教育理念不断转变，家庭教育质量不断提高，有助于更好地达成我们的育人目标，促进学生向真善美发展，提升班级生活的质量。

　　班级管理纷繁复杂，在班级建设中如何落实立德树人根本任务，考验着班主任的爱心、匠心和慧心。在实施班级管理时，班主任只要坚持立德树人的教育目标，以班级建设为抓手，通过系列活动凝聚班级向心力，实现潜移默化的德育教育，最终就会达到立德树人的目标，实现学生的全面和谐发展。

班主任是学生积极情绪的激发者

郭德利

　　班中有一名魏同学，不遵守纪律，经常在课上搞小动作，经常被任课老师点名批评，我找他谈过几次，不见效果。有次我发现他回答问题时声音很洪亮，我就让他带领全班早读，他非常认真，调动了整个班的积极性。魏同学和我说，他从来没有被重视过，这次老师给他机会在早读时领读，他非常珍惜。之后，他渐渐地改变了许多，一次展示课，我又让他参与主持，从头到尾认真准备。有了这次成功的体验，魏同学像变了一个人，上课也积极起来，在班中的威信也大幅提高了。

　　李镇西老师说过，老师眼中，不应该有坏学生，只应有调皮的、忍不住要犯错误的学生。调皮是孩子的天性，犯错不怕，班主任要不厌其烦地引导，以防下次再犯。

　　班主任是塑造学生心灵的建筑师，班主任工作是对学生的身心进行有目的、有计划的引导、感化，而"感人心者莫先乎情"。

　　教育以立德为先，德育、智育、体育、美育、劳育并重，全面唤醒每一名学生的内在成长，应对未来的挑战。班主任是学生积极情绪的激发者。维持学生的积极情绪要渗透在学校教育的全过程中。在各项教育活动、班主任工作中，都应注重对学生积极情绪的培养。

一、班主任培养学生积极情绪的意义

　　在日常的班级管理中，班主任老师应主动联合教师团队、学生团队、家长团队，关注每一名学生的成长状况，全面衡量成长目标与学生实际情况间的关系，这样既能缓解学校教育的压力，又容易汇聚教育力量，激发学生自身的积极性，推动班集体的成长与发展。学生的积极情绪，有助于推动形成积极的班级文化，引导学生接受班级文化的引领，形成良好的道德品质。

二、班主任激发学生积极情绪的工作策略

（一）优化班级环境，引导学生健康发展

有些中学生在家里娇生惯养，脾气大，经受不住压力，遇事做"无声的抵抗"。班主任在与个性强的学生沟通的时候，应主动管理好自己的情绪，避免单方面使用强硬手段，而要想办法走进学生的心里，因势利导，了解学生的思想，主动激发学生的积极情绪，引导他们对自己的所作所为进行判断。这个过程可能比较长，班主任要有耐心，更要有智慧，还要主动发挥团队的力量。

（二）用"师爱"叩开学生的心扉，走进学生的内心世界

苏联教育家赞可夫说过："教育活动一旦触及学生的情绪和意志领域，触及学生的精神需要，便能发挥高度有效的作用。"

李同学因为父亲在她小学时因公去世，所以性格变得孤僻，很少与同学交流。平时我经常给她一些任务，让她参加主持班会、运动会接力等集体活动。三年后，李同学融入了我们的班集体中，从最初的沉默寡言变成了侃侃而谈。

班主任对每个学生的关爱，既比"父母之爱"更加理性，也比专家所说之爱更加感性。在这种充满爱的氛围中，才可以建立并发展科学管理的规章制度、组织流程，才可以支撑起每个学生健康成长所需的生活平台、学习平台，进而将班集体发展成为师生和谐相处、互相赋能的成长共同体。

（三）成功激励，诱导学生积极情绪

激发学生积极情绪是教育中非常重要的一环。班主任应积极了解学生发展的实际情况，了解学生的需求和困难，帮助学生设定可以实现的目标，并确保目标具有挑战性和可度量性。为学生提供公平的学习机会并鼓励他们超越自己的舒适区，体验成功的快乐。

班主任必须了解每个学生的成长需求，为学生提供有趣而具有挑战性的任务，并及时提供必要的支持和帮助，确保学生感受到被关注和理解。鼓励学生相信自己的能力并可以通过努力和学习不断发展。关注学生努力的过程并给予学生正确的行为及时、恰当的赞赏和鼓励，以增强他们的自信心和积极性。

此外，班主任应重视团队和相应的评价机制的建设。鼓励学生互相合作、分享和互助。给学生展示成功的榜样，并鼓励他们从中学习，帮助学生发展自我评价的能力，鼓励学生设定自己的标准，并与自己过去的表现相比较，让他们能够认识到自己的成长和进步。

做学生人生导师，为青春点亮梦想

侯永勉

百年大计，教育为本；教育大计，育人为本。而育人的根本就是立德。班主任要做好学生的人生导师，应当将立德树人贯彻到班级管理的全阶段、全过程。

习近平总书记曾强调："广大教师要做学生锤炼品格的引路人，做学生学习知识的引路人，做学生创新思维的引路人，做学生奉献祖国的引路人。"四个"引路人"为班主任当好学生的人生导师明确了方向，这是新时代赋予班主任们的现实责任和历史使命。

如何做好学生的人生导师，为学生的青春点亮梦想？做好学生的人生导师对于学生的发展有何意义？

一、德高为范，提升自身的导师素养

学高为师，身正为范。首先要明确班主任作为人生导师，在班级中的定位是什么。班主任的导师角色在学生成长中发挥的价值性和专业性是至关重要的，作为班集体建设的指导者、组织者，师德是班主任必备的第一条件，面对班集体，班主任要接纳所有的学生、要接纳学生的所有。由此，我们可以看出，班主任也是学校思想道德教育的中坚力量，更是引领学生们健康成长的领航者。

班主任是学生认识和了解社会、民族、国家的一扇窗户，因此，班主任自身要具备终身学习的意识和能力，在拥有扎实的学科知识的同时，不断加强政治理论学习，及时了解国家大政方针和时代发展实事，不断学习心理学、教育学、家庭教育指导等方面的知识，不断增强与科任教师、家长、社会的协调和沟通能力。班主任只有先开阔自身的视野，打开自身的格局，激活自身的思维，才能为学生们的发展领航掌舵。

二、读懂孩子，成为学生的良师益友

亲其师，信其道。班主任要从良师发展为学生的益友，就要把对学生的心理和生理健康的重视提上首位，从学生各个阶段的心理发展特点出发去观察、关注、了解、开导、包容学生，要走入学生内心深处，了解每一位学生，从而点燃学生的内驱力，发挥学生的长处，激发出学生的潜力，帮助学生寻找突破点，在班级管理中找到德育的契机来激活学生，引导学生找到发挥自我价值的路径，帮助学生找到终身努力向上的持续发展力。

班主任要善于了解班情，与学生们一起动脑、动手、用心制定出周详的班级运行责任制度，把分工细化，把责任细分，让学生在参加班级管理的实践中感受自身的价值和责任。同时，在班集体的建设中遇到一些决策性问题时，班主任要学会把决策权交给学生，要让学生逐渐树立起"我是班级小主人"的意识，创造平等民主的师生关系，发挥学生在班集体中的主动性和能动性。学生参与班级管理的过程，也是班主任对学生的是非观、道德观、认识观、价值观进行引导和教育的契机。

三、活动育人，培育学生的家国情怀

班级活动是增强班级活力和凝聚力的助推剂，班主任要重视班级活动的开展和班级文化的创建。要针对班级特点，引导学生参加有利于健康成长的各类文艺、体育、科技、社会实践等活动。举办形式多样的主题班会活动也是育人的有效途径。

班主任可以通过一系列的主题班会课，引导学生树立远大志向，给学生心灵埋下真善美的种子，引导学生扣好人生第一粒扣子。班主任要引领学生树立长远的志向和理想，在志向的引领下，制定短期和中期的目标，让学生学会每天有目标、有计划地生活，每天都有事可做。这个"事"，不仅仅指自己的事，还有班级的事、家庭的事甚至社会的事。通过这样的引导，让学生们把对自己人生的热爱和对家国的爱融为一体，培育学生们的家国情怀、仁爱情怀。如此一来，培养学生的社会责任感就水到渠成，爱国也不再只是一句口号，而是根植于学生们内心的红色种子。

四、家、校、社协同，共同助力学生成长

生活即教育，社会即学校。随着《中华人民共和国家庭教育促进法》的实施，班主任老师更要转变观念，重视家庭、学校、社会协同育人，科学地提升有关家校沟通、家庭教育指导的能力，了解学生成长的家庭氛围和社区环境，共创携手育人的新格局。除了加强对学生学习方法的指导，班主任还可以与家长沟通合作，帮助每一个学生找到适合自己的高效的学习与做事方式，加强习惯养成教育，培养起能使学生终身受用的好习惯。

班主任可参考家长们的职业特征，主动邀请家长进校园，开展"家长百家讲堂"，为学生们的职业规划进行引导。在社会实践活动中，班主任可以借助红色教育基地、国防教育基地、爱国主义教育基地等社会资源，对学生进行德

育渗透，将教育的边界由校园内拓宽到校园外。

师者仁心，育人的事业归根结底是爱的事业，班主任除了必备的道德品质、专业素养和专业能力之外，最重要的是有饱满的对学生的爱。用师爱搭建师生之间的心灵桥梁，用师爱衔接师生之间的精神根脉，以师爱塑造人格、陶冶品格、滋润心田，为教育涂上一抹温暖的底色，做学生成长路上的领航灯塔，让学生有光可寻、有路可走、有梦可追，让学生有勇气和觉悟去突破小我价值，将自身的学习和发展与国家和民族的未来同频共振。

在班级建设中实现班主任的自我成长

赵雪凌

刚参加工作，我就被学校领导安排担任初一年级的班主任，那个时候的我年轻气盛、缺乏经验，急着去证明自己，我的眼中只有学生的成绩，一切与学习无关的活动，我都拒绝让学生参加。班级量化被扣分了，我首先想到的不是怎么纠正学生的错误，而是想要让学生去要分，想用逃避去掩盖自己在班级管理上的无能。毫无疑问，我所带的班级自然是"一盘散沙"，毫无"集体荣誉感"可言，大家都各干各的。

在接下来的日子里，我所带的这个班级问题频发，被学生否定，被家长否定，被领导否定，被同事否定，我的内心经历了一番痛苦和折磨。我逐渐开始思考，为什么我所带的班级会变成这个样子？是不是我的班级管理观念存在问题？我的所作所为真的是为了学生好，还是只是为了满足自己的好胜心和虚荣心呢？

经历了第一次带班失败后，我内心备受打击。然而，从另一个角度来讲，这段时光也让我真正能够褪去浮躁，静下心来去思考接下来的带班育人之路应该怎么走。党的二十大报告中明确指出："教育是国之大计、党之大计。培养什么人、怎样培养人、为谁培养人是教育的根本问题。育人的根本在于立德。全面贯彻党的教育方针，落实立德树人根本任务，培养德智体美劳全面发展的社会主义建设者和接班人。"

这让我茅塞顿开，豁然开朗。身为班主任的我，要为国家培养德智体美劳全面发展的新时代好少年。有了这一明确目标，我在教育教学实践中变得越来越坚定，越来越有底气。在之后的班级管理中，我做到了以学生为根本、以信任为前提、以平等为基础、以习惯为目标、以表率为要素、以家校为纽带，为学生营造了一个充满"爱与阳光"的成长环境。以班级制度为纲领，以榜样教育为辅助，以文化建设为基础，以德育课堂为阵地，以活动组织为途径，以综合评价为手段，让学生在实践中学会做人、学会做事，引领学生成长为有深度且有温度的人！

如今我带的班级仍旧是3班，但如今的3班不再是当年的3班。在我的带领下，我们班级的学业成绩名列前茅，量化成绩年级第一。2022年10月，我们班荣获区2022年度"红领巾二星章"；2023年2月，我们班荣获崂山区"优秀班集体"荣誉称号。

当我用心去建设一个班集体的时候，当我用心陪伴、呵护学生们成长的时候，悄然间，我也在慢慢"长大"。

对于班主任来说，班集体建设是尤为重要的，它不仅是班主任工作的目标，更是班主任专业获得长足发展的必经之路，其重要性可见一斑。

何谓班集体？班集体是有明确的奋斗目标、健全的组织系统、严格的规章制度与纪律、强有力的领导核心、正确的舆论和优良作风，能够有计划、有规律地开展丰富多彩的教育活动，能自觉反思、总结经验，使学生能够实现自我教育，不断进行自我发展与提升，从而不断向前发展的组织。

一个班集体，从一定意义上来说就是一个大家庭，而班主任在这个家庭中承担着非常重要的角色，班主任既是学生思想上的领航员，也是学生行为习惯的督促者、学习生活的贴心人。

班级建设意义重大，我们一定要正确认识。

一、五育并举，德育为先

加强班集体建设，必须坚持德育为先，培养全面发展的好少年。忽视德育，就不能保证班集体健康有序地发展。与此同时，智育、美育、体育、劳动教育同等重要，没有它们，德育就会变得不扎实，也满足不了学生内在成长的需求、家庭的期望、社会和国家发展的需要。

对学生的教育大多情况下是在集体生活中得以实现的。人具有社会性，在班级组织的一个又一个活动中，会让学生形成集体主义精神和与人合作的意识，锻炼与人交往的能力，增强克服困难的勇气与本领，学生的智商、情商与逆商都在班集体的活动中得以提高。

二、巧用从众心理

人人似乎都有从众心理，对于价值观尚在形成阶段的学生来说更是如此。

学生大部分的成长契机都与集体息息相关。班主任想要把自己的班级建设成一个友爱且上进的班集体，那么，一定要从培养班级的凝聚力上下功夫，营造和谐的班级氛围，让班集体迸发出教育的巨大力量。只有班级凝聚力强的班级，才能称为班集体，班集体一旦形成，它便会成为教育的生活共同体，具有巨大的教育力量。班集体能向其成员提出要求，指出努力方向，并通过集体的活动、纪律与舆论等文化力量来培养成员的品德，成为班级成长的隐形力量。

当班主任想要推行一个政策或者培养学生的某个习惯时，我们可以借助学生的从众心理。首先让班集体中的积极分子动起来，树立榜样，形成氛围，这样班集体中的其他同学也会感受到班集体的引导力量，感觉自己如果不这么做就显得格格不入，他们也自然会慢慢动起来。

三、让学生成为他自己

班集体是促进学生个性发展的一个重要因素。在班集体的各种活动中，一方面，每个学生都会拥有不一样的经历和独特的感受，都会积累集体生活的经验，掌握丰富的道德规范，养成社会主义思想品德，更加社会化。另一方面，每个学生都能找到适合自己的活动、工作和角色，不断发展自己特有的志趣与爱好，更加个性化。在集体中，学生个人的社会化与个性化是相互促进的。而每个学生个性的充分发展，都将对整个班级的全面发展起到促进的作用。同时，班集体又是培育学生个性的园地，它能使个性之花竞相开放、争芳斗艳。每个学生在未来走向社会后，都要认清自己，找准自己的定位，适应社会，才能生活得更好，而学校就是学生走向社会的过渡，让学生学会与人相处、与自己相处很重要。

四、教育的意义是实现自我教育

教育的真谛不在于日复一日的监督，而在于一点一滴的唤醒，而班集体恰恰能实现培养学生自省和自律能力的功能。班主任不可能一直盯着学生，关注其一举一动，我们在集体生活中对学生的"教"，其实是为了以后的"不教"——让学生学会自我管理。班集体毕竟是学生自己的集体，有它的组织机构，需要学生在实践中学会进行自我约束、自我教育、自我提升，尤其是需要学生自主地制订集体的活动计划，积极地开展各种工作与活动。这无疑能有效锻炼和逐步提高学生的自我教育能力。随着班集体的发展，学生的自我教育能力也能提高到自觉的程度。即使离开班主任的直接领导和监督，班集体也能自觉独立地开展活动并进行有效的自我管理。所以，班主任老师要注重发挥班集体的自我教育功能，以便培养并提高学生自我教育的本领。

五、在成就中被成就

实践是检验真理的唯一标准，也是积累丰富的班级管理经验的必由之路。班主任不断地在建设班集体的教育实践中探索规律，增长本领，自身的素质也在这一过程中得以提高。所以，班级建设在成就学生的同时，也成就了班主任自己。

老师要求学生有良好的品质，那老师首先要有良好的品质；我们要求学生养成好的习惯，我们首先要养成好的习惯，让学生变好的过程中，我们也在主动或被动地变得越来越好。

班级建设对班主任的自我成长以及学生的个人成长起着至关重要的作用。所以，我们要高度重视，通过班集体去育人，才能保证未来人才的质量，保证教育的社会功能的充分发挥。

第二章

班级经营

宽严相济，成就好习惯

熊小莹

张老师和王老师是同年进入学校的青年教师，都是一年级的班主任。两人爱学生、有教育热忱，是无话不谈的好朋友，但在教育理念上有着比较大的分歧。张老师觉得，爱学生就要包容，要做他们的好朋友；而王老师则认为，严师才能出高徒，为了学生将来有好的发展，现在就要严格要求。

在工作中，张老师对学生在生活上关怀备至、学习上耐心细致，下课和学生玩在一起，学生违反纪律说说也就过去了。开始的时候学生非常喜欢她，家长也很欣慰，可是一段时间以后，学生们变得自由散漫，班级混乱不堪，甚至正常的上课秩序都得不到保证。

同一时间，王老师从接手班级开始，就制定了严格而细致的班规，从上课的坐姿到下课活动的程序，可以说是有条不紊。因为学生年龄小，王老师基本扎根到了教室里面，保证每一条班规都落到实处。学生一旦违反班规，轻则严厉地批评教育，重则叫来家长共同管教。在这种高压管控下，王老师的班级在常规评比中总是名列前茅，但是班级中的学生出现了不想来上学的现象，部分家长对王老师的管理也无法接受，并把她投诉到学校。

两位受挫的年轻班主任凑在一起面面相觑，办公室的刘老师对她们说："你们的想法都没有错。当老师首先要爱学生，要包容他们。小张老师适当的时候可以放手但是这不代表要放任呀，他们毕竟是孩子，你们也学过发展心理学，根据皮亚杰的理论，一年级的孩子还处在他律阶段，习惯的养成离不开老师的督促。小王老师，学生是人而不是机器零件，有规则、有要求是好事，但是过于严苛的要求，对学生的成长也许会造成不良的影响，我们的班级管理需要技术，更是一种艺术，需要宽严相济，才能培养学生的好习惯。"

做好班级的管理、抓好学生常规教育、培养良好的行为习惯都是班主任的重点工作。正如叶圣陶先生所说，教育是什么，往简单方面说，只需一句话，就是养成良好的习惯。

一、遵循的原则

在进行常规教育的过程中，度的把握非常重要。正像上面的案例呈现的那样，如果过度放手很容易成为纵容，就没有办法培养学生的良好习惯。但是如果过度严苛，纪律就会成为阻碍儿童健康成长的枷锁，无法发展出自我管理的内驱力。

（一）尊重学生的主体性原则

学生既是受教育的对象，同时又是学习的主体。在教育过程中，要把学生放在主体地位。这绝不是一句简单的口号，而应是班主任要落到实处的行为。要了解学情，掌握这个年龄学生的特点，从而真正做到尊重、关心、爱护、帮助学生，督促学生养成良好的行为习惯。例如，在上面的案例中，一年级孩子处在他律阶段，这时候不做控制地放手，就很容易成为放任，无法养成良好习惯。同时，一年级的学生年龄小、自控能力差，过于严苛的要求也没有充分尊重学生的年龄特点。

（二）循序渐进原则

培养良好习惯的内容有很多，在实施的过程中要注意要循序渐进地开展，不能贪多求全，而应有计划、分阶段、一步一步地实施。一个好习惯养成了，要和学生一起总结成功的经验，然后再继续培养下一个好习惯，既给了孩子宽松的环境，又能扎扎实实地养成一个个好习惯。

（三）反复性原则

曾经有研究表明，一个习惯的养成需要21天，在实际工作中发现，想要巩固下来，还需要反复多次。在各个阶段训练的过程中，不断重复和巩固已有的习惯内容，帮助学生在反复的训练中，把行为巩固下来形成自觉行为，并变成自身的需要。

（四）细节性原则

好习惯的培养要从细节着手，从生活入手。班主任教师要做"生活的有心人"，善于从生活中的点滴小事抓起。例如，每次吃饭前提醒并监督学生洗手，上课前检查物品是否摆放整齐，让这些习惯培养融入学生日常的生活和学习之中。

如果能遵循上述的原则，我们不必严苛要求也可以培养学生的良好习惯。

二、管理要得法

想要培养学生的良好习惯就必须丰富班级常规管理方法。吴秋芬老师在《班级管理》中把班级管理分为宏观的方法和具体的技术。宏观的方法包括目标管理法、制度管理法、民主管理法和学生自主管理法；技术层面包括组织技术、检查指导技术、控制技术、教育技术和激励技术等。义务教育阶段的班级管理可以尝试以下几种方法。

（一）讲明道理法

这是班主任最经常使用的方法，给学生讲清常规的内涵、要求和作用，让学生明了行为常规的做法与要求，对常规要求形成正确的认识和感情，树立良好的班风。需要注意的是，讲明道理不等于一味说教，比如在走廊里面要右行礼让，老师说明要求后，可以邀请一位同学配合老师表演，让学生看到右行礼让可以让自己的行动更加安全。

（二）儿歌提示法

对于年龄比较小的学生，习惯的培养需要时时提醒，就可以将日常行为的规范编写成歌谣或口诀让学生记诵，比如《站队歌》，语句朗朗上口，学生们非常喜欢。当上课铃响过后，学生们一边背诵歌谣一边站队，变被动为主动。

（三）活动训练法

采用形式多样的活动形式、营造丰富多彩的环境，实施训练。例如，开展主题班会、专题讨论；模拟演习活动，包括军训活动、整队练习等；还有必要的技能训练，如上课听讲、做笔记训练，作业训练，做操训练，食堂就餐排队训练，教室卫生值日训练。有针对性的活动可以帮助学生形成良好的行为习惯。

（四）榜样示范法

榜样可以选择历史伟人、英雄模范、科学家等，也可以选择贴近学生生活的人，如身边的表现好的学生。当然，老师也应该以身作则成为学生的榜样。

常规管理的方法还有很多，班主任可以根据自己所带班级的实际情况进行选择，这些方法都是我们培养学生良好习惯的工具，有了这些工具我们不会放任，也不会过度控制，而是会给予学生一定的空间健康成长。

三、保障措施

（一）灵活多样的激励机制

班级常规管理是针对学生的日常行为进行的，灵活多样的激励机制可以强化常规教育的效果。例如，在班级中培育"学生成长树"。以学生习惯养成等各方面的成果为展示内容，一颗颗果实代表着学生们的进步。不过激励机制的设计也要考虑学生的年龄特点，学生年龄越小，评价奖励越有效，比如一年级学生入学第一周，给他们准备一桶棒棒糖，让每个学生每天都会拿到老师的奖励，在明确什么是好行为的同时，帮助学生爱上学校。到了第二周就可以发放奖励卡、小粘贴，让学生通过收集一定数量的奖励卡来换取老师的奖励，强化正向行为的同时，通过延迟满足，慢慢培养学生的自律。而一般到了一个月后，用作奖励的棒棒糖就可以用奖状来替代。

（二）家校协同培养习惯

在习惯培养方面，家庭的作用不容小觑，家长的管理能力也直接关系到班级常规管理的效果。因此，在做好学校工作的同时也要做好家校协同的工作。班级常规在制定好之后，可以通过网络平台或者家长信的形式告知家长，提高家长的知晓度和配合度。同时，为了提高家长的育儿能力，可以采用专家讲座、家长座谈会、家长沙龙、家庭教育指导课的形式进行指导，切实帮助家长更新观念，掌握正确的育儿策略和方法，解决孩子教育中遇到的实际问题。

最后，由于学生的年龄特点，习惯培养不可能做到一蹴而就，他们会出现一些不良言行的反复，这也需要教师做好打"持久战"的心理准备，及时发现问题并加强引导，持之以恒，助力班级常规工作有序开展。

实施优化管理，创建优秀班集体

郭德利

科学管理属于管理科学的一种思维与方法，又被称为全面质量管理循环。将体系化的科学管理方法运用到班级管理中，以达到管理目标，就是科学管理班集体。其优点是实用、组织效果快而强，尤其有利于通过组织、分工等手段，以团队合作的方式实现比较高效的投入与产出，推动班级的整体进步。

全面了解学生才能谈及理解学生，进而考虑从群体到班级、从班集体到发展共同体的建设，满足学生自我实现的需要，引导学生健康成长。

一、好关系打造好班级

学生是班级组织的主体，实施优化管理就是优化班级组织内外的关系，最重要的是打造良好的师生关系、生生关系、"家校"关系等，这些关系构成了各种管理行为的核心基础。

从班级管理的实践来看，积极和谐的人际关系有利于班集体的团结，可提升班集体的凝聚力和行动力，为满足学生个性化发展需求提供支撑。同时，也更有利于提升班级管理的效率与效果，为班级的发展、学生自身的成长提供更加充足的机会和社会性时间，赋能师生创建优秀班集体。

同时，班主任的言传身教、主题活动，可不断推动形成融洽的师生关系，促进师生精神的交流与连接，推动着班级共同价值观的形成，凝练出班级文化的核心力量，有效助力优秀班集体的创建。

二、满足学生的发展需要，激发共同建设班集体的源动力

马斯洛的需要层次论告诉我们，当人的低层次需求被满足之后，会转而寻求实现更高层次的需要。作为班主任，要将班级的各项工作与满足学生自我实现的需要这一目标结合起来，在实践工作中激发学生的积极性和创造性，挖掘学生内在的潜能，满足他们更高层次的心理需求，激发学生的创新意识和创造力，并将他们的行为引向班级的目标。

每一名学生的思想意识、行为习惯在承担责任的过程中可以得到成长与发展。在以人为本思想的指导下，班主任要根据班级的学情，分阶段采用控制型管理、授权型管理、自主型管理、团队型管理模式，促进个体与集体的成长与发展，建立个人与组织间通畅的信息交流方式和渠道，协调个人需要与集体意识的关系，在他们之间建立起共同的目标、合作的意愿，尤其是个人为班级组织做出贡献的意愿，使学生成为名副其实的班级的主人。

同时，班级经营模式的升级持续为学生提供适合其自身发展的空间和平台，促进学生的个性张扬，发掘学生的自身潜能。每个学生在"做事"的过程中体验到成功与快乐，学生的理想目标和潜能就能被激活，学生获得了成长的动机和持续不断的力量，促使学生以积极的心理状态面对人生的机遇和挑战。

三、家校合力，助力优秀班集体建设

学生的成长都离不开家庭的影响，我们强调家校合作也正是为了协调两种教育的关系，挖掘各自的优势长处，完成各自的教育使命。我们通过家长会、家庭教育公益课堂等途径，优化家庭教育的方式，提升家庭教育的内在意义、价值追求。聚焦"立德树人"，将学生培养成一个有家国情怀、社会责任、个人素养的完整的人，并形成支撑其各方面可持续发展的隐形力量。

四、梳理班级科学管理的基本内容，为优化管理赋能

（一）首先明确班级要管什么

明确管理内容，该抓该管的一丝不苟、常抓不懈；不该过问的，要严守制度，不越雷池半步。学校、班级、个人、家庭各方管理内容交织的地方，更要

加强交流联系，明确管理内容，划清职权范围。只有合适有度的管理，才能维持班级的正常运行，促进各方通力合作，保护各方的利益，促进学生个体与班级整体的健康发展。

（二）班级具体事务由谁来管理

班级事务是班主任亲力亲为，还是班主任制定标准、选用贤能，放手让学生独当一面；或是师生合作，明确责权与义务，形成互补与合力？针对不同的管理内容，班主任要有通盘的考虑与整体的规划。

（三）班级什么时候应该培养学生自律意识

通过自主管理，培养学生自尊、自爱、自立、自理、自强、自知、自省的精神，这是一个智慧型班主任需要着重考虑的问题，因为班级管理的成功，一是表现为学生自主管理能力的提升。不同学段的学生身心发展的水平不同，意识培养、习惯养成的水平参差不齐。没有适当的管理，显而易见不利于秩序的正常建立，无法为学生的安全、健康、发展提供合适的文化环境。所以，这还是个管理的"度"的问题，也就是班级事务的时间、责任分配问题。二是表现为在关键时间节点上，班级岗位负责人是否能及时履行岗位职责，维护班级正常运行秩序，维护大多数人的自由、安全和正常生活、学习的权利。三是表现在习惯意识的养成过程中，班级岗位责任人是否能坚持履行岗位责任，维护班级制度，执行班级评价，推动班级成员良好行为习惯与学习习惯的养成与实践。

（四）班级事务的各项规章制度、流程方法建立的理论基础和目的、目标是什么

学生自我管理、自我教育、自我评价、自我成长为什么要与团队组织的建立与完善结合在一起统筹考虑？班级的组织与发展为什么要从制度管理升级到人本管理并最终落实到班级文化管理上？结合众多优秀班主任的成长案例，我们不难发现，一个班主任在其成长、成功的过程中，一定不是靠心血来潮来组织班级管理的方方面面的，而是精心谋划、谋而后动，将理论与班级实际相结合，大局原则与个案的灵活妥善处置相结合；一定是班主任在一系列自问"为什么"的前提下，凝聚各方理论、经验并用于实践；一定是班主任自身尽力与虚心借力相结合，自觉遵循教育教学规律，不懈追求教育"大道"并形成自身教育思想。

（五）怎样管理

是"人治"还是"法治"？是借用刚性的制度管理，还是以制度为基础，充分体现人本精神、人文关怀的人本管理？事实上，应将德育资源、时代力

量、榜样精神、文化基因融入班级管理，结合班级的实际发展状况，从学生的实际需要、思想需求出发，开展创新型的班级文化建设，以文化的力量推动学生思想意识的发展、价值观的树立、习惯的养成、行为的转变，并带动班级整体管理水平的提升。

班级建设的目的是营造团队归属感，激发学生自信心，推动学生树立成长意识，提升自育能力。在具体实践中，提供班集体美好时刻的集体体验，并从中培养学生良好的意识和习惯，引导学生正确合理地对自己的人生并做出规划，引导学生树立对自己生命的尊重。但由于学生的年龄特点、家庭教育环境以及以往学习、生活经历的不同，尤其是心理发展水平、思想认知水平等多方面仍处于不成熟的阶段，班级生活中，把集体的发展、个体的互相影响完全寄托于团队组织建设，完全寄希望于群体与个体的互动，并期望总能带来"向上、向善"的结果是不现实的。所以，班主任在智慧地建设班级组织、挖掘组织力量的同时，不能忽视自身的以身作则以及班级育人导师、学生家庭的带动引领作用。强化成年人的言传身教、以身作则，强化成年人在学生发展实践中的主导作用，在任何时候都是不能弱化和削减的。

丰富班级管理内涵，创建优秀班集体

林海燕

学校里经常有一些刚入职的年轻班主任，他们虽对工作充满热情，却缺乏实践与经验；他们对班级的规划和管理有美好的设想，但满腔热血往往被现实所打败。一些新入职的年轻教师与学生打成一片，没有一点架子，没有边界感，结果学生不受约束；想和学生做朋友的，结果发现纪律、卫生一团糟，不板着脸做"仇人"不行；想对后进生有耐心，结果发现耐心再好也经不起他们一次次地挑战你的底线……这些都导致了班级管理的失败，也阻碍了师生间的真诚交流。

加强班级管理，建设优秀班集体，是学校工作的重要内容，是促进学生全面发展的重要途径。一个优秀的班集体可以将学校、教师、家长以及学生的力量拧成一股绳，形成合力，促进学生成长、教师发展，满足家长期望、学校和社会预期。

著名的教育家苏霍姆林斯基说过，集体是教育的工具。班主任工作的核心是创建优秀班集体，同时这也是班主任的工作目标。因此，学校育人工作就要从班级管理、建设良好的班集体开始。如何才能创建一个优秀的班集体呢？

一、确立目标，激励奋进

苏联教育家马卡连柯指出，真正的集体并不是单单聚集起来的一群人，而是在自己面前具有一定共同目标的那种集体。

优秀班集体的建设最重要的环节是确立班级奋斗目标。有了目标，班级就有明确的发展方向，班级文化就有了立足点，从而发挥积极的教育作用。所以在创建之初，班主任要摸清本班学生思想、学习、生活等实际情况，对班集体进行质和量的分析，规划出班级建设的蓝图，制定本班的奋斗目标；然后深入学生，调查征求他们的意见，和科任教师交流，听取他们的建议；再和学生共同商讨班级未来的发展走向，确立出班级发展的近期目标和长远目标。学生明确了奋斗目标和前进方向，就会心往一处想，劲往一处使，有利于形成奋发向上、勤奋学习的良好班风。

二、健全制度，自主管理

（一）依章"治"班

对于一个优秀的班集体来说，建立健全完整而有效的班级制度非常重要。它是巩固班集体的力量、协助学生自我教育的手段。在班级管理中，班主任要组织并引导学生认真学习和遵守《中小学生守则》和《中小学生日常行为规范》，并以此为依据，结合班级实际情况，在全体成员的共同参与下，商讨制定合理而且可行的班级规章制度，来引导学生的一言一行，促进学生行为习惯的养成。

在班级管理中，要严格执行班规制度。班级里的每一个人，包括班主任，在制度面前人人平等。对于好人好事以及模范先进人物要进行表扬和奖励，激励、鼓舞学生，树立正气；对于违反纪律、不求上进、成绩落后的学生要进行批评和督促，帮助和教育学生，制止不良风气。

完善的班级规章制度为学生提供了自我评定品德和行为的内在尺度，使每一个学生都能够在一定准则规范下自觉地规范自己的言行，朝着符合班级集体利益和教育培养目标的方向发展。在班级管理中，我们不仅要注重班级制度对学生的制约作用，而且应该给予班级制度人文色彩，从而体现出"以人为本"的教育理念。

（二）自主管理

苏霍姆林斯基说过，真正的教育是自我教育。班级管理的最高境界应该是学生自主管理，教育学生自己管理自己，真正成为管理和教育的主体，从而促成班级高效管理的目标的实现。

在班级中应大力推行自主管理，给学生搭建成长平台。除了通常的班干部岗位外，班主任可以根据学生的发展需要，结合班级实际，增设若干管理岗位，建立岗位责任制，把班内大小而琐碎的工作分配到个人，使每个学生都拥有参与班级管理的机会，让他们真正感到自己是集体中不可缺少的一员，使班级形成"事事有人做，人人有事做，时时有事做，事事有时做"的良好局面。自主管理使得学生在工作实践中得到了锻炼，提升了学生自我认识、自我教育和自我管理能力，强化了学生的责任感、义务感和集体观念。

（三）培养班干部，发挥骨干力量

得力的班级干部团体是班主任管理的左膀右臂，又是团结凝聚班集体的桥梁与纽带。为了提高管理的效率和效果，我综合了学生的性格、受欢迎程度等因素，带领学生共同选择班委会的成员，具体分工，明确职责，教给他们工作方法，指导并帮助他们开展工作。利用骨干的模范带头作用，引导全班学生积极进取、团结一致，形成班级凝聚力。

三、班级文化，浸润心灵

一个优秀的班级，必定有融入师生血液的精神文化，必定有精细育人的思想引领。

（一）班级环境巧布置

杜威说，要想改变学生，必先改变环境，环境改变了，学生也就改变了。著名教育家苏霍姆林斯基指出，孩子在他周围在学校走廊的墙壁上、在教室里、在活动室里，经常看到的一切，对于他精神面貌的形成具有重大的意义。

教室是学生的主要学习场所。在班级环境的布置上，班主任需要从班级核心价值观的养成出发，充分利用教室资源，带动班集体全体成员积极参与到班级文化环境建设中。从教室外走廊展示栏的设计到教室内的班训、班级口号的设计，再到班级文化宣传栏、教室内的绿植、图书角、卫生角、桌椅摆放、墙报等都由学生承担设计责任，精心布置，力求让每一面墙都会"说话"。有形的环境与无声的文化有机结合，创造出了一片有生命感的教育文化天地，让学生在无声的熏陶、感染和鞭策中受到教育，也为班级带来缕缕朝气蓬勃、积极向上的文明新风。

（二）传统文化育我"行"

2014年教育部印发的《完善中华优秀传统文化教育指导纲要》中明确指出，加强中华优秀传统文化教育，是深化中国特色社会主义教育和中国梦宣传教育的重要组成部分；加强中华优秀传统文化教育，是构建中华优秀传统文化传承体系，推动文化传承创新的重要途径；加强中华优秀传统文化教育，是培育和践行社会主义核心价值观，落实立德树人根本任务的重要基础。中华优秀传统文化是中华民族的精神命脉，是滋养青少年茁壮成长的源头活水。大力弘扬中华优秀传统文化，可以凝聚健康向上、崇德向善的精神力量。作为班主任，要在班级管理中，潜移默化地渗透中华优秀传统文化，将人生哲理、为人处世道理等内化于个人，在无形中育人，同时进行文化传承，加强学生的民族自信心与自豪感。

（三）融洽的班级氛围

师生关系是判断班级是否优秀的一个重要指标。李镇西老师在《爱心与教育》这本书中用一个个鲜活生动的教育成功事例反复证明了"师生间的感情，是教育成功的第一块基石"。用真情实感建立起良好的师生关系，做学生的知心朋友，使学生融合在集体之中。班主任应从学习上着眼、从生活中入手教育学生、感化学生、关爱学生，关心学生的成长。

四、巧设班级课程与活动，引领学生成长

活动是班级的生命，一个良好的班集体建设必须通过各种活动来实现。丰富多彩的班级活动为学生的成长提供了条件，充实了学生的生活，丰富了情感，促进了他们能力的发展。

巧设活动主题，抓住教育契机。对于学生成长过程中出现的问题，要紧扣社会、教育改革的时代脉搏。班主任应主动从学生的发展需要出发，进行系列化的活动设计，如习惯养成、学习策略培养、心理健康指导、青春期健康指导。通过系列主题教育活动，学生在探究、实践、体验、感悟中内化了思想道德，发展了健全人格，为健康全面的发展赋能。

集体活动能激发学生关心集体、团结互助、顽强拼搏的精神。班主任要抓住学校定期举行的三大节——体育节、艺术节、科技节等活动契机，积极组织学生参加，给学生展示自我才华的机会，让集体活动成为班级师生凝心聚力、对外展示的重要窗口。

抓"节日"热点，设计活动主题。班级活动开展的最终目的是让学生在活动中体验生活，让活动目标转化为学生的自觉行为，所以班级活动应该跟我们日常的教育活动联系起来。我们可以将"走近传统节日"（即走近春节、元宵节、清明节、端午节、重阳节、中秋节这六大节日）作为对学生进行民族精神教育的载体，举行相应的纪念或庆祝仪式，开展内涵丰富、多彩有趣的主题教育活动，以此让学生更深入地感受民族精神的时代内涵。

五、齐心协力，家校合力

苏联著名的教育家苏霍姆林斯基说，学校里的一切问题都会在家里折射出来，学校教育中产生的一切困难根源都可以追溯到家庭。除了发挥课堂教学的主渠道作用外，还要加强与家庭和社会的密切合作。"用好社会育人资源。学校要把统筹用好各类社会资源作为强化实践育人的重要途径，积极拓展校外教育空间，着力培养学生社会责任感、创新精神和实践能力"（《关于健全学校家庭社会协同育人机制的意见》，教育部等13个部门，教基〔2022〕7号）。家长应积极参与班级的管理，开展班级的"家长讲堂"，讲述自己的专业知识，让学生们开阔视野。此外，班主任还可以选择利用家访、电话、微信等多种方式实现与家长的畅通交流，反馈并深入了解学生的各种情况，做到学校教育和家庭教育共同携手，争取合力促进学生健康成长。家长积极地投入、参与、支持，可以使育人更有成效。

总之，关于如何建设一个优秀的班集体，措施是多方面的。只要我们充分发挥各方面的力量，调动一切积极因素，丰富班级管理内涵，将立德树人寓教于境，寓教于集体，育人于精神，切实落实好立德育人这一根本任务，就能打造一个充满生机与活力的优秀班集体。

正确树立班主任的权威

房璐璐

王老师是一名刚入职的年轻教师，也是班主任。她非常热爱这份工作，也非常喜欢她的学生，把他们当成朋友，经常和他们一起聊天、开玩笑，还通过朋友圈分享生活，俨然是学生的大姐姐。

可是最近，总有任课老师向王老师反映班内几个男生十分散漫，严重影响上课纪律。王老师把这几个男生叫到办公室时，没等说几句，他们就抢着认了错。可刚转身离开，他们就嘻嘻哈哈地闹起来，笑声传进办公室，王老师也只是无奈地笑了笑。

又有一次，有一个男生上课出现纪律问题，王老师当着同学的面批评了他几句。没想到的是，这个男生把课本向课桌上一摔，还没等王老师说完话就扬长而去。王老师在身后喊了他好几声，他都没有回头。后来王老师电话联系了他的家长，他这才向老师道了歉。

经过这件事，王老师觉得自己应该严厉一些。所以这些男生再犯错，她就会板起脸批评，并给他们的家长打电话。不久，王老师在一名学生的朋友圈中看到一段抱怨班主任的文字，大意就是控诉她遇事就会"告家长"，这条朋友圈下面，竟然有好多同学留言点赞，其中不乏平日与王老师亲近的学生。

王老师非常难过，也想不明白：她对学生那么好，把他们当成好朋友，就算发脾气也没有别的班主任那么严厉，为什么不仅没有管理好班级，也没有赢得学生的理解和尊重呢？

案例中王老师的遭遇是许多年轻班主任都会经历的过程。为什么会出现这种情况呢？究其原因就是王老师班主任权威的失落。

公共行政学主要创始人之一马克斯韦伯认为，任何组织的形成、管治、支配均建构于某种特定的权威之上，适当的权威能够消除混乱、带来秩序；而没有权威的组织将无法实现其组织目标。对于一个班级而言，班主任的权威就是给班级带来秩序、实现班级目标的重要保障。

一、什么是班主任的权威

严格来说，班主任权威，是指班主任合理运用《中华人民共和国教育法》《中华人民共和国教师法》赋予自己的教育学生的权利，在班务管理过程中树立起来的威信。"初中班主任的权威建立于学生的认同感之上，而表现则更多地内敛于师生的交流过程中。"班主任权威是班级建立和管理过程中十分重要的隐形力量，也是班级制度当中不可或缺的一部分，是德育教育的基础要素。但是，班主任权威并不意味着班主任在班级管理中要说一不二、迫使被管理者（即学生）"无条件服从"。在新时代背景下，班主任权威的树立，是建立在学生认同班主任的管理思路、教育理念的基础上的，是被管理者（学生）对管理者（班主任）的完全信任和认同。作为班级的组织管理者和领导者，班主任要正确使用班主任权威，对班级日常工作和组织运行进行监督引导和管理约束。

有威信的班主任具有使学生信服的感召力量，能够让学生心悦诚服地接受教育。班主任的言行、品德和责任感如春雨无声地影响着学生。树立班主任的权威形象，也就是为学生树立一个可供模仿的榜样。可以说，在学生中树立威信，是德育工作顺利开展的基础。

二、如何正确树立班主任的权威

案例中的小王老师，因为没有正确树立班主任权威，造成了班级秩序的混乱。虽然在班级出现问题后，王老师也行使了作为班级管理者的权利，但是却并没有树立威信。究其原因，有以下几点。

（一）王老师与学生的相处缺少边界感

边界感的缺失造成了学生难以明确分辨哪个时刻的老师是在扮演"姐姐"的角色，哪个时刻的老师是在扮演"班主任"的角色。因此，当亲昵多于敬畏时，班主任的权威形象就很难树立起来。

我们说，班主任应该对学生充满爱意，也应该做学生的朋友。但是，班主任对学生的爱，应该是恩威并济的"师爱"，既要关心学生的健康成长，又要在其行为需要纠正时及时地引导。"如果陷入一端放任学生，学生便会觉得班主任软弱，降低了班主任的权威；如果陷入另一端过度强调规则，学生又会觉得班主任'搞高压'，也会降低班主任权威。"做学生的朋友，是要求我们关注学生心理、尊重学生、平等对待学生，并且可以用自己积极的言行去影响和带动学生进步，做学生的"师友"，但并非与学生成为无话不谈的"同龄人"，也不应该是可以彼此分享生活的朋友关系。师生间有和谐恰当的边界感，可以让学生将学习生活和私人生活进行区分，明确个人行为与集体的关系，更利于学生遵守班级制度、接受老师的教导。

（二）王老师在处理班级事务过程中缺乏统一标准，导致学生难以信服

从王老师处理班级中几个男生第一次违反纪律的情况来看，老师虽然进行了批评，但显然并未达成教育目的，学生敷衍的认错态度和离开办公室时的嬉笑行为都证明了这一点。然而王老师却一笑了之，并未让学生真正认识到错误在哪里，也就给了他们一个信号：犯这种错误，只要到办公室道个歉即可。因此当老师的处理方法升级——当着全班同学的面批评的时候，标准的变化，让学生一时难以接受，就会产生不服气的心理，从而出现后续一系列逆反行为。而后，王老师又继续将处理方法升级，每次都找家长，这样一来，就引起了学生的强烈不满。

因此，要树立班主任的权威，应该依靠健全的班级管理制度。同时，处理班级突发事件的原则和标准应该统一，不能朝令夕改，也不能时紧时松。

（三）王老师在树立班主任权威过程中，使用的方法过于简单粗暴

学生表现略有不尽如人意之处，就打电话给学生父母，这种方法很难从根本上解决班级问题。同时，会让学生感觉到老师的无助——除了向家长求助，还能做点什么呢？所以，要树立班主任的权威，还应该讲究教育策略：方法要巧、策略要新、力度要分层次。对待学生出现的不同问题，应该采取不同等级的奖惩策略。尤其是在学生犯错的时候，如果唯一的处罚就是"叫家长"，那么势必引起学生的反感，长此以往，也很难得到家长的大力配合。总之，要正确树立班主任权威，就要以提升班主任的教育智慧和个人魅力为前提，从关心、尊重学生的角度出发，做学生前进道路上的良师、成长过程中的益友。同时，还要健全班级管理制度，重视班主任与学生的有效沟通，恩威并重、宽严相济，使德育工作中的"严格"与"温暖"相辅相成，真正达到育人的目的。

发挥非正式群体在班级发展中的力量

郭德利

非正式学生群体（Informal Student Groups）是由学生自发组成的，无明文规定的目标与职责分工，缺乏稳定结构及明确规范的团体。这是美国心理学家梅奥提出的概念。非正式学生群体的成员具有相似的人际关系特质，如共同的兴趣志向、态度与价值观，以及需求的互补性等。成员之间的相互关系具有明显的感情色彩。其行为受自然形成的规范调节，有自发涌现的领导。

在实际存在的大量行政班级中，班主任往往非常重视班委会的组织建设、制度建设、岗位培训、岗位考核，将组建班委会作为班级管理、学生自主教育的核心，发挥重要的组织力量。目前，从一定意义上说，能否建设一个强有力的班委会是能否创建优秀班集体的决定因素之一。

从国家层面来看，随着《基础教育课程改革纲要（试行）》等一系列政策文件的颁布，班级内部的组织架构也在发生变化。根据转变人才培养模式、建立新的基础教育课程体系的任务的要求，两种正式的班级组织发展迅速。一种是学习小组，即根据课程进行分组，共同合作完成学习任务，相互讨论问题并

互相辅导的组织；一种是社团组织，即学生根据自己的兴趣爱好选择并参与其中，进行专项活动和比赛的兴趣社团，如科学类社团、艺术类社团、体育类社团等。

这些正式组织的存在，为学生提供了参与学校管理和实践能力的机会，旨在培养学生的组织能力、责任感和团队合作精神，同时也有利于促进学生形成积极主动的学习态度，培养学生的综合能力。

同时，学生在成长的过程中，由于性格特点、兴趣爱好、年龄、性别、穿着打扮等的相似或者仅仅受到家庭住址的邻近，班级中的座位位置的影响，都有可能形成一些非正式群体。这些群体可能是与正式群体发展目标一致的隐性小组，也可能是纯粹的娱乐群体，但也可能是影响正常教学秩序的群体，甚至是有严重违反学校纪律甚至违法犯罪行为的"团伙"。

非正式群体的内部往往有一个比较强势的"领军"人物，影响着整个群体的观念、想法和行为。同时，由于非正式群体内部的成员个性的一致性和互补性、情感的依赖性，群体内部会形成比较强的约束力和凝聚力，从而导致非正式学生群体的行动效果往往超过正式学生群体。正因为非正式学生群体的这些特点，班主任应采取措施，正确认识和处置不同性质的非正式学生群体。

一、非正式群体在班级发展中的积极作用

（一）发挥社交性功能，改善班级氛围

非正式群体汇集了志同道合的学生，从而为他们提供了交流的平台，互动流畅也易于增进友谊。这有助于改善班级氛围，增强归属感，减少孤立感，增强同学之间的互动与合作。

（二）非正式群体常常以兴趣爱好为基础，有助于学生兴趣爱好的发展

无论是音乐、舞蹈、绘画还是体育等，学生在非正式群体中可以更加专注地学习和锻炼，并得到更多的支持和认可。这不仅有助于培养学生的特长，还能增强他们的自信心和自我认同感，而从中获得的学习策略和方法，也在一定程度上有助于他们学科知识的学习。

（三）非正式群体为学生提供了锻炼领导能力的机会

在组织活动中，学生可以承担组织者、协调员、负责人等角色，学习领导团队、组织活动的技巧并积累经验。这有助于培养学生的组织能力、沟通能力、团队协作精神等。

（四）非正式群体为学生提供了培养责任感的机会

非正式群体在组织活动时往往需要成员遵守一定的规则，承担一定的责任和义务。参与活动的过程中，同学们自然要适应自己的角色要求，明确自己的任务和目标，并努力去完成，这有助于培养同学们的责任感、自我管理能力和团队合作精神。

二、非正式群体对班级发展的消极影响

非正式群体在一定意义上丰富了校园生活，助力了个人成长，在班级发展中起着重要的作用，但也存在一些潜在的消极影响。

（一）非正式群体的排他性，易造成班级内的分化和不和谐

正因为非正式群体内部的一致性，它可能导致一些学生被排斥或边缘化。一些群体在形成的过程中，可能导致一些学生被忽视或排斥在外，他们会感到被孤立和不被接纳，这可能加剧班级内的分化和不和谐。

（二）易造成时间分配不均衡，影响学业

同伴的影响在非正式群体中表现得更加明显，群体性的内部驱动，使学生更加倾向于将时间分配给非正式群体活动，导致学生对学业的重视程度下降。学生可能会面临组织活动与学业之间的冲突，忽视学习和课业任务，导致学业成绩下降或学习负担加重，影响学生的个人发展。此外，参加过多的非正式群体活动也可能会影响学生的休息，对身心健康造成负面影响。

（三）不良行为传播不易发现，容易造成群体性负面影响

某些非正式群体活动可能会成为一些不良行为或价值观的传播渠道。一些错误的价值观或言行可能在非正式群体中得到更快地传播和加强，对学生的道德、纪律和行为规范产生负面影响，进而影响班集体的核心价值观。班级文化的力量一旦被削弱，就会引起学生的行为偏差，阻碍学生的健康成长。

三、运用策略消除非正式群体的消极影响，助力班集体健康发展

尽管非正式群体存在着消极影响，但并不意味着所有非正式群体都会带来这些问题。学校和教育机构应该密切关注非正式群体的发展和影响，提供适当的指导和监督，确保学生能够从中获得积极的经验和发展机会，同时避免潜在的消极影响。

（一）提供多样化的活动选择

学校应尽力提供多样化的校内和校外活动选择，以满足不同学生的兴趣和需求。这样可以在一定程度上减少学生集中在某几个非正式群体的情况，避免

被排斥和边缘化。

（二）鼓励平等交流与合作

班主任老师应加强正面引导，善用主题班会、团队心理辅导、班级活动、小组讨论等途径，强调班级中的平等和相互尊重，鼓励学生之间的交流和合作，培养学生的团队合作精神，让学生在多样化的交流中建立互助和友谊。

（三）提供关爱和支持

学校和教师应该关注每个学生的个体需求和情感状态，提供适当的关爱和支持。鼓励学生表达自己的想法和需求，树立平等、包容的班级氛围。

（四）设置明确的指导和规范

教师应以问题为导向，与学生讨论、制定并逐步完善《团队公约》《学生行为守则》，设立明确的指导和规范，使学生对于非正式群体的活动有明确的认知，确保非正式群体的活动不违背公众价值观和行为规范。

（五）加强家校合作

与家长建立更密切的合作关系，共同关注学生在非正式群体中的情况。家长可以积极参与学校活动，提供支持和建议，与学校共同促进非正式群体发挥积极作用。

（六）培养学生的信息素养

信息素养的提升，会让非正式群体中的学生明白不良行为、言论和价值观的负面影响，并学会辨别和拒绝不适宜的行为。同时，要提供正确的信息和资源，引导学生形成积极健康的价值观和行为准则。

总之，班主任应践行综合治理的理念，创新运用措施，以减少非正式群体的消极作用，并发挥他们在班级整体发展中的积极力量。积极引导和支持学生参与非正式群体的活动，培养他们的团队合作能力、领导能力和创造力，提高班级凝聚力和学生整体发展水平。

生命教育思想在初中课堂的"种植"

毕维萍

"班主任是中小学日常思想道德教育和学生管理工作的主要实施者，是中小学生健康成长的引领者，班主任要努力成为中小学生的人生导师。"（《中小

学班主任工作规定》）

初中阶段的学生正处于人生成长的黄金时期，身体发育进入了青春期，身高体重的快速增长是青春期的显著特征，身体各个器官迅速发育，活力四射，接受能力强，对于周围的事物充满好奇，容易受外界的影响，学得领悟能力特别强，学习更愿意主动尝试或者与同伴合作，而且开始出现了第二性征。心理发展进入了叛逆期，对人生开始有了自己的理解和判断，但又因为经验不足，所以进入了困惑期，对身边的关系密切的人又有依赖性，情绪、思想和行为易受他人的影响。

初中各学科课程目标强调面向全体学生，对不同层次的孩子除了在知识和能力方面进行教育外，还要贯穿情感、道德和价值观的教育，在课堂学习中要进行科学探究，重视知识在实践生活中的运用，培养学生观察、思考、动手处理问题的能力，提升对人与自然生命的认识，提升核心素养。班主任作为优秀教师集中的群体，更应在班级经营治理中不断加强生命教育，让学生具有关注生命、热爱生命、提升生命质量的思想意识，这种思想的培育使得班级更加有活力，也给学生的终身发展奠定基础。

正如张全民老师所说："我们敬畏地球上的一切生命，不仅仅是因为人类有怜悯之心，更因为它们的命运就是人类的命运。"我们敬畏生命，也是为了更爱人类自己。走入大自然，认识身边多姿多彩的世界，我们才会更加热爱生命，热爱自己。

一、找准课本与实践生活的"结合点"，与生命接轨

我们在实际教学中发现，许多学生将课堂学习与生活实践相结合、处理实践问题的能力是比较欠缺，比如每年放假时都有学生溺水身亡，有的学生因学习压力产生身体和心理上的种种不适，有的甚至不愿到学校。这些现象的发生在令人震惊和惋惜的同时，也证明在生命教育方面，我们做得显然还不够。

我们的课堂应从调动学生的积极性出发，引导学生主动将所学与生活相联系，提高对生命质量的理解和对生命的热爱。比如，在初中生物课《生物圈中的人》的教学中，强调人体是由各个系统统一在一起的整体，结构和功能是相适应的；在人教版七年级下册第一章第二节《人的生殖》中，探究人类生命的诞生过程，组织学生以调查表为参考回家与家人谈话，在与父母的谈话中了解母亲的辛劳、养育的不易，从而促进亲子关系。让学生通过向母亲说一声"谢谢"、做一次家务等，通过实际行动表达对父母的感恩之心，表达对生命来之不易的珍惜。

二、在生活实践中的探究

教师有意识地将生活中的实际问题转化为任务型、项目化的任务，指导学生将知识活学活用，运用所学知识解决问题，引导学生发挥自身的思维能力，以问题为导向，将疑问转化为课题。我们会发现，学生在研究的过程中，他们的观察力会变得更加敏锐，思维更加地活跃，语言表达能力得到提升，对生活的热爱和关注也会得到加强，这也有助于实现教学的真正意义。以上种种将会对学生理解生命的意义产生积极的影响。

苏霍姆林斯基曾说过，今天把种子播种到修整得极好的土壤里，却不是明天就会长出幼芽的。今天所做的工作，在许多情况下，要经过若干年才能对它做出评价，这是教育工作非常重要的规律之一。它要求我们始终以长远的眼光来看问题。所以尊重生命、热爱自然和生命、保护生命的思想在孩子心中种下之后，我们期待着学生未来能开出绚烂的花、结出成熟的果实，成就精彩的人生。

评价助力学生攀登属于自己的那座高峰

于 彦

评价作为促进学生发展的一种有效机制，在学生成长过程中起着举足轻重的作用。评价作为一项导向性工作，对学生的品德修养、学业成就及行为习惯等各方面都有指导性意义。班主任作为学生的"重要他人"，在对学生实施评价时的认识观念、策略方法等都直接影响着学生的自我认识，制约着学生发展的空间及成长的轨迹。因此，班主任应树立正确的教育评价观，并在此基础上建立科学合理的班级教育评价机制。

为了全面推进素质教育，确保教育优先发展的战略地位，《基础教育课程改革纲要（试行）》提出要"建立促进学生全面发展的评价体系"。这也是实现我国"科教兴国"宏伟目标的一个关键点，也是课程改革的重要枢纽。传统的教育评价方式，过度注重对知识的掌握，忽略了德育、技能、过程等方面的发展，具有片面性，不利于培养学生的科学素养。清代教育家颜昊先生说："教子十过，不如奖子一长"。花费很多时间和精力去苛求学生，不如用一点心力去发现其优点，并以此鼓励他，让学生体验成功的滋味，这正是评价的重要作用所在。一个班级中，学生在智力、品德、个性等方面往往存在很大差异，因此，作为班主任只有在班级中面向全体学生实施发展性评价，才更有利于调动学生学习的积极性和主动性，从而促进学生的个性化发展、全面发展与可持续性发展。

一、确立发展性评价的目标

发展性评价是指通过系统地搜集评价信息和进行分析，对评价者和评价对象双方的教育活动进行价值判断，实现评价者和评价对象共同商定发展目标的过程，旨在促进被评价者不断进步。

在班级经营治理中，班主任老师应首先和学生共同商量制定出班级发展目标和个人发展目标，并结合目标来确立评价的方式方法及评价标准。比如在每个学期伊始，组织班级同学共同制定班规及班级发展目标。如果是中途接班的班级，班主任老师则可根据学生年龄变化对相关内容进行修改调整，引导每个学生给自己制定一个新学期小目标。班主任组织同学利用教室空间将学生写的目标进行展示，这样学生们之间既可以互相学习，加油打气，也可以在他们努力实现自己目标的过程中彼此督促。

发展性评价的目标是基于特定的培养目标制定的，其根本目的是促进评价对象达到目标，而不是检查和评比。所以，制定目标前，一定要提前调查找准起点，并且要让目标变得可视化，才能制定好个性化目标。因此在学生个人目标的制定过程中，班主任不需要做太多干涉，更不要进行学生彼此间的比较，只需要引导学生在自己原有的基础上有所提升即可。

二、做好过程性评价记录

通过了解中小学生的年龄和心理特点，我们会发现，对于他们来说，只有长期激励肯定是不够的，还需要短期激励与长期激励相结合，而记录过程性成果就是对学生很好的激励。

例如，有的班主任在班级中为每个孩子准备了积分存折，平时将各种奖励以积分卡的形式呈现。每积攒十张积分卡兑换存折记一分，每一项奖励的积分卡数都是开学初期民主协商确定的，如果有临时的奖励任务也会在班级中提前进行公示，所以学生对于这种公开透明的激励制度非常赞同。积分在少先队入队、日常的评优活动以及班委竞选中，都起到重要作用。过程性评价更突显公平，也有利于学生随时根据评价结果修正自己的言行。除了积分存折这种过程性评价方式以外，有的班主任在班级经营治理中，还设计了晨跑记录打卡，睡眠10小时打卡，平时各学科练习情况，展示性作品、日常作业，综合实践活动等方式，这些过程性的评价都会有相应的记录。此外，有些班主任还为每个学生准备了个人的"成长档案袋"，随时整理收纳，防止丢失，也避免了弄虚作假。这样的评价兼顾各种层次的学生，使人人都能体验到成功，很好地激发了学生参与学习、活动的热情，也很好地记录了学生成长路上的点点滴滴。

三、努力做到全面性评价

随着教育改革的深入开展，全面多元的教育观念不断渗透到教育教学过程中。除了学生的知识掌握情况之外，评价还应该涵盖学生的身心健康、品德修养、意志情感、学习态度、技能掌握、发展状况等全方位内容。因此在对学生进行发展性评价的内容上，除了关注个性化差异，还要努力做到"去粗取精，去伪存真，由此及彼，由表及里"地分析，把偶然发现和长期观察、书面资料和现实表现综合起来，努力做到全面性。

在班级学生的评价中，班主任不做"一锤定音"或"以偏概全"的事，一定要尽可能多地给学生一个展示的空间，在活动中育人，在实践中评价。例如岗位性评价，每人都应有一个岗位。这些岗位学生可以自主选择，同时也会进行定期轮岗。岗位之间彼此关联，互相协作，学生各司其职，将个人成长与班级发展相协同。学生在发挥所长的同时，不仅促进了积极性，还能彼此学习，提高协作能力。班主任则可以站在各个岗位的角度上对学生进行全方位的评价。这种全面性的评价将"德、智、体、美、劳"统筹兼顾，行为与心理发展融合协同，着眼成长，彻底打破了以往以"成绩"为唯一尺度评价学生的局面。

四、倡导多元参与性评价

对于学生来说，如果在评价过程中仅仅有班主任的视角肯定是不够的。因此，班主任应综合运用自评、互评、师评、综评的评价方式，积极邀请其他任课教师、家长参与学生的评价活动，实现师生、家校合作赋能的局面。此外，班主任还可以利用手中现有的资源，结合学校各项活动情况，通过档案袋评价、校外实践基地活动情况评价等，形成多元立体参与评价体系，这样不仅可以科学而全面地评价学生，还有利于增强评价效力，激励学生不断发展。

五、呈现个性化多元评价

对于学生的评价，具有个性的多元化的评价方法可以成为辅助评价的"催化剂"，推动评价机制更加精准、全面。评语作为班主任对学生做出的总结性评价，是比较传统的综合性评价形式。虽然每个学期学生的成长变化各有不同，但时间久了难免会出现评价语言匮乏和重复的情况，学生也会感觉缺乏新鲜感。所以，班主任可以邀请班级任课老师给学生写学科评语并允许学生主动联系自己喜欢的任课老师来给他写评语。这样既可以实现多角度评价，又可以提升对学生的激励作用。

除了书面评价以外，班主任可以考虑使用信息技术手段，如"班级优化大师""班级小管家"等在线软件对学生的表现进行在线评价，优化评价手段。

对于学生的评价还要考虑学生的年龄特点。小学低年级的学生更注重实物的呈现，所以评价过程中，给学生发小贴纸或者盖小印章这种"看得见摸得着"的评价方法，更利于学生直观感受，方便他们进行展示和积累。对于中高年级的学生来说，小贴纸和印章很难在心理上起到激励作用，甚至会引起厌烦。但是，他们的集体观念逐渐增强，所以建议多以团队评价为主，兼顾个人评价。

总之，班主任要对学生进行及时评价，旨在随时随地给予学生信心和鼓励，提高学生的学习兴趣和自主学习能力。坚持评价中正确的价值取向、全方位多层次和综合运用多种评价方法进行评价、运用科学方法评价、客观公正实事求是地评价、坚持正确的评价导向作用、强调评价的鼓励改良功能等评价理念，其目的并不是使学生达到教师心目中的预期，而是促进学生的自我教育和自我发展。因此，所有的发展性评价要始终坚持以学生为本，既关注学生的当前发展，又关注学生的未来发展，面向全体学生，让他们在不断地评价激励中，一步步攀登属于自己的那座高峰。

第三章

学生管理的心理学智慧

关注学生的心理健康

熊小莹

《中小学心理健康教育指导纲要（2012年修订）》中提到，学校应将心理健康教育始终贯穿于教育教学全过程。全体教师都应自觉地在各学科教学中遵循心理健康教育的规律，将适合学生特点的心理健康教育内容有机渗透到日常教育教学活动中。要注重发挥教师人格魅力和为人师表的作用，建立起民主、平等、相互尊重的师生关系。要将心理健康教育与班主任工作、班团队活动、校园文体活动、社会实践活动等有机结合，充分利用网络等现代信息技术手段，多途径开展心理健康教育。

在当今社会中，人们越来越关注心理健康，尤其是社会竞争加剧和学业压力不断增加的当下，青少年儿童的心理健康成为教师们关注的一个重要方面。作为班主任，对学生的心理健康要更关注，为他们提供必要的帮助和支持。学生的心理健康状况对其学习、生活以及未来的发展都有着至关重要的影响。关注学生的心理健康教育，班主任在与学生的日常接触中潜移默化地影响他们，为学生在以后人生道路上实现自己的梦想打好基础。

一、懂心理、知健康，成为理解学生的"孩子王"

心理健康是指一个人的内心状态与外部环境相适应，能够正常地思考、感觉、行动，并且具有积极的情感体验。想要培养心理健康的学生，就需要班主任掌握足够的心理健康知识。

（一）发展心理学助力理解学生

想要理解、管理学生首先就要对学生的年龄特点与成长规律有足够的了解，比如低年级学生集中注意力的时间与高年级学生有很大不同，在自控能力与情绪管理等方面，每个年龄都有自己的特点。班主任只有对学生的心理发展有清楚的认知，才能做到科学地管理。因此，作为班主任，需要学习一些发展心理学的知识，让教育更科学。

（二）积极心理学助力班级管理

在很长一段时间里，心理学都是研究如何改变问题行为，当我们把注意力都放在缺点上，很容易让学生陷入挫折与自卑。其实学生在成长的过程中除了要矫正不良行为，更需要获得对他们积极行为的支持与鼓励。班主任可以通过学习积极心理学，正向关注每一个孩子，鼓励支持孩子们健康成长。

（三）储备特殊教育技巧，帮助特殊儿童健康成长

随着社会不断发展，人们对于特殊儿童也有了更全面的了解，"普特融合"越来越成为一种常态，越来越多的特殊儿童进入学校与普通孩子共同学习。同时，人们也认识到很多儿童所呈现出的问题源自于其本身的神经发育障碍、注意力缺失（ADHD）、感统失调等。这就需要教师，尤其是班主任要对这些缺陷有基本的了解。

二、关注学生心理健康，构建健康的师生关系

好关系成就好教育，在家庭中如此，学校中、班级中也该如此。教师与学生建立密切的关系，了解他们的情况和需求，关注他们的成长和发展，这是教师帮助学生保持心理健康的前提。

（一）先观察、再管教，对孩子多接纳

教师应该充分了解学生的心理状况。在课堂上，教师应该时刻观察学生的情绪变化，了解学生的情绪状况。课间和学生聊天，听听学生的心声。只有对学生有全方位的了解，教师才能真正做到理解与接纳。

（二）勤沟通、肯体谅，对孩子多理解

每个人在不同的环境中会有不同的表现，为了能更加全面地了解学生，走近他们的内心，班主任还可以利用班会、家访等方式，全面了解学生在家庭、学校等方面的情况。

（三）管有法、教有方，对孩子多尊重

在班级的管理中，面对学生出现的问题，可以接纳学生的情绪；但对于问题行为不能姑息，摆事实、讲道理，可以用班规校纪来处理，但决不可以谩骂与侮辱。学生再小也要尊重他们的人格与自尊。被尊重也是学生心理健康的重要基础。

三、班级管理中重视心理健康教育

除了在班级管理中重视学生的心理健康，班主任还可以利用各种形式的教育活动开展心理健康教育。

（一）开好心理班会课

教育教学不应只是传授知识，更应注重学生的发展全面，包括心理健康方

面的发展。班主任可以每个月开设一节心理班会课，针对本月出现的问题，通过游戏体验、案例分析、小组讨论、戏剧表达等方式，面向学生开展心理健康教育，从而有效地提高学生的心理健康水平。同时，班主任也可以通过心理健康讲座、组织心理健康活动等方式，帮助学生更加深入地了解心理健康的重要性，学会正确的心理调适方式。

（二）在教育教学实践中渗透健康教育知识

班主任在自己学科的教学中也可以渗透健康教育的知识，例如面对一年级的学生，可以通过给他们讲绘本故事来一起识别情绪，学习人际交往的技巧。潜移默化地为学生筑起心理健康的防护网。

（三）出现问题，及时解决

一个学生在成长的经历中会遇到挑战或挫折，有的学生会因此而退缩。当发现学生出现心理问题的时候，班主任应该及时进行干预，给予学生必要的关心和支持。但同时，班主任也要清楚认识到，专业的事情需要专业的从业者去处理。例如，我曾经遇到过一个行为异常的学生，经诊断患有自闭症。这个孩子有非常严重的刻板行为，对其他同学有非常大的影响。于是每个月，我都会与学生的家长进行面对面的讨论，得到了家长信任后，发现其父母的婚姻也存在问题，一旦学生情况恶化可能这个家庭也就散了。于是，就建议其父母求助专业心理咨询，帮助他们更好地解决问题。类似的事情还有很多，班主任要认识到自己的局限，很多呈现在学生身上的问题，都是受家庭系统问题的影响，这时候就需要专业人士的介入。

（四）家校协作，为学生的心理健康保驾护航

家庭是孩子心灵的避风港，当学生遇到困难的时候，班主任不但自己要关心学生，同时也要积极与家长沟通，家校协作。引导家长与孩子交流，倾听他们内在的声音，鼓励他们直面负面情绪，帮助他们化解焦虑与压力，学习人际交往的技巧。

总之，关注学生的心理健康，是班主任工作中必不可少的一部分。班主任只有重视学生的心理健康，才能培养出良好心态、健康人格的学生，才能帮助他们更好地适应社会。

教师的"液态思维"助学生成长

毕维萍

深化教育改革首先要求教师转变教育观念，走出传统经验主义，打破思维定式，善于在实践中"标新立异"。在现代教育的探索中，一些崭新的教育思想不断涌现。"液态思维"就是其中之一。"液态思维"是一种弹性思维，即思维无定势，以其高度的柔性来应对现实，随形就势，灵活善变，从而在未来多变的世界中寻找成功的机遇，体现的是柔韧性、连续性、目的性的特点。"液态思维"对指导我们做好教育工作具有非常积极的意义。

青少年心理发展的基本特征表现之一为过渡性，这一时期的青少年发展迅速，但又不够稳定，很多方面兼具童年期的幼稚和成年期的成熟。青少年期是独立性和依赖性、自觉性和幼稚性错综复杂、充满矛盾的时期，是个体独立走向社会生活的准备阶段。许多问题对成人来说觉得不可思议，而对青少年来讲是非常正常的表现，因此，班主任不能以成人的思维方式和用成人标准要求学生，否则，会造成师生矛盾，于教育不利。

初中生自尊心强，愿意在集体中表现自我。他们要求有与成人平等的地位和人格，要求在认识上、情感上、道德上、行为上做到独立自主，不希望成人过多地干预，他们讨厌成人对他们过多地关怀和无休止地唠叨、叮咛，他们已不再盲目信从师长，为了维护自我会与师长顶撞、反抗，或者不理不睬，我行我素，人称"第二反抗期"。这就是为什么对于学生屡次犯错，教师只是简单粗暴地呵斥或出言讽刺，有的学生会当众与老师反抗，造成师生对立，也导致学生身心受到伤害，教师形象大打折扣。由此可见，要准确地把握现代学生心理，透彻地研究青少年心理学及教育学是非常必要的，这也为"液态思维"提供了正确的理论依据。

一、"液态思维"体现在教育中的特点及实践体验

（一）"液态思维"具有柔韧性

青少年在身心发展上正处于剧变时期，他们开始关心自己的内心世界，并以此为研究对象去探索它、解剖它、关注它。他们内心的活动复杂了，自我沉思、自我反省的时间明显增多，开始为自己应该怎么做、能怎么做、不应怎样

做而频繁地动脑筋。

他们非常关注别人对自我的评价，外表与内心会有强烈反差，喜欢掩饰自己，甚至完全以假象出现，但由于青少年社会阅历尚浅，心理活动易受社会文化、道德、善恶、美丑、荣辱观等影响，因此学生的各种表现会不断地给教育者提出难题。不如转换一下思维，先将矛盾搁置，不求当场立刻解决，课后找其谈话，先搞清其中的原因，如果是学生的错，就应该帮助他找出犯错的原因，分析为什么这样做是错的及后果，要允许学生有改过的机会，这种处理方式正是体现了思维的柔韧性，事实证明学生也非常喜欢老师的这种处理方式，教师自身的魅力也自然提升。

班上有几名学生上课违反课堂纪律规定，随意讲话、插话，打断老师的教学。遇到这种情况，我不加考虑，当场点名批评，起初有点效果，但过了一会儿，课堂下又说话声不断。我当时很生气，提高了音量狠狠将他们批了一顿，说话声被"压制"了下去。我以为学生改好了，可是等到下节课，这几名学生像什么事都没发生过一样，照旧说话。我着急了，开始认真思考如何解决这一"难题"。批评不行，那我就变一变，以"鼓励式"替代"批评式"。经过深思熟虑，我与这几名学生进行了深切的交谈，带他们重新认识课堂常规，并坚持每节课给他们写一段"课堂评语"，在评语中多使用鼓励的语句，比如："今天，你课本准备得很好。""这节课堂你听得很认真，还回答了一个问题，继续努力啊！""这节课，你坚持了15分钟，很棒，说明你已开始进步了！"……这些评语既是鼓励，也为该生提出了努力方向。坚持了一段时间后，我发现学生随便讲话的少了，而积极回答问题的多了，整个课堂的学习气氛很好，师生关系越来越融洽。

对待学生引起的教育事件，教师的思维方式无疑应灵活些。遇到问题时，不要"硬碰硬"，而要尝试从多个角度寻觅处理问题的方法，使学生心服口服。

（二）"液态思维"具有连续性

由于学生心理过程的形成是比较复杂的，教师不能期待立竿见影，要使教育见效需要一定的时间。在教育学生的过程中，教师的思维要不断延伸，从现象分析到本质，由表及内，从浅入深，坚持下去，直至学生产生质的升华。

班级经营治理中，班主任老师应以提高学生积极性、达成班集体成长目标为目的，不断地思考班集体经营策略和改进方法，思考如何提高班集体经营水平。这不仅仅是班主任工作的需要，更是思维连续性的充分体现。例如，有很多班主任设计了"小队竞赛""课堂量化考核""四人合作""一帮一"等各项班级组织和治理模式，并在工作中具体实施。根据实施的实际情况，再进一步调整思维角度，提出新的方法，并有意识地激发学生竞争心理，给班集体注入活力。竞争与合作相辅相成，优选使用，以确保实现最终目标。发现问题之后，着力帮助团队和学生寻找原因，使他们明确自己出现问题的原因以及怎样解决。一段时间的能力养成后，再进一步放手让学生自己找原因，分析并自我纠正，教师则适时地通过给予口头表扬、学分奖惩等方式予以肯定，使学生始终保持不断进步的态势。

（三）"液态思维"具有目的性

现代社会对人的素质要求的提高迫使教育本身不断地进行改革。教师、学生都面临相当大的压力。各种原因造成部分学生对学习感到吃力，信心不足，少数学生甚至有放弃学习的想法，为了弥补精神的空白，便开始寻找新的刺激。现在学生逃学、结群打架、离家出走、迷恋游戏厅或网吧的现象时有发生，据相关报道，现代青少年犯罪的年龄正呈下降趋势。这就给教育者提出了若干亟待思考的新情况、新问题。

班主任在思考教育学生的方式时应始终牢牢把握教育的目的是"培养人""塑造人"，应在"以人为本"思想的明确指导下，针对学生的具体情况选择科学的教育手段和教育方式，切忌简单粗暴，注重"攻心"为上。曾有老师写道："孩子若生活在批判中，他学会谴责；孩子若生活在同情中，他学会自怜；孩子若生活在嘲笑中，他学会害羞；孩子若生活在敌意中，他学会对抗……"不同的教育思想、不同的教育方式，会产生不同的教育后果。教育者单纯的好心会因同样单纯的工作方式造成对教育目的的背离，这正是我们要极力避免的。

二、"液态思维"对教师提出新的要求

（一）班主任要提高"服务意识"，淡化"权威意识"

社会竞争确实在改变着人们的思想。人们的"服务"意识在不断增强。教师以学生为教育对象，有着相当的权威，但教师不能因此高高在上，而应树立为学生服务的思想观念——一切为提高学生素质而服务的思想，并为此乐于奉献，甘愿付出。

（二）班主任要成为"终身学习"的带头人

作为教师必须孜孜不倦地坚持学习。不但要学习专业知识，还要学习政治知识、人文知识、心理知识，学习与学生相适应的新的教学方法，提高教学思想的灵活性，不断在理论与实践相结合中增长知识和技能。

（三）教师既要有"竞争意识"，更要有"合作意识"

当前，在学校管理中，为了增强竞争意识，学校将学生的成绩与对教师的考评挂钩，这种办法给老师造成了心理压力，客观上对提高教学质量起到了一定作用，但是同时我们也必须明确，社会存在竞争，更要有合作。教育是一项系统工程、综合工程，需要社会、家庭、老师共同努力。在学校教育领域中，面对时代对人才素质的更高培养要求，教师应学会沟通交流、互通信息、取长补短、互激互励，这样才能使教育思想更加完善，教育步伐协调一致，最终完达我们共同的教育任务。

以心换心，以爱育人

林海燕

2008年，教育部重新修订印发的《中小学教师职业道德规范》第三条"关爱学生"的要求指出，教师要关心爱护全体学生，尊重学生人格，平等公正对待学生。第四条"教书育人"的要求指出，教师要遵循教育规律，实施素质教育。循循善诱，诲人不倦，因材施教。培养学生良好品行，激发学生创新精神，促进学生全面发展。

我国著名的教育家陶行知先生说过："真的教育是心心相印的活动，唯独从心里发出来的，才能打到心的深处。"的确，教育是以心换心、以人为本的活动，只有你投入了真情，才能得到学生真心的回报。

爱是架起班主任与学生之间心灵沟通的桥梁，也是使班级工作获得成功的根本。"没有爱就没有教育。"一位没有感情的教师，不是一位优秀的教师；一位没有爱心的班主任，更不能算得上是一位优秀的班主任。

一、做个善于了解学生的班主任

《大学》有云："物有本末，事有终始。"做好班主任工作的出发点和落脚点应是教育对象的成长与改变，而要实现这一点，了解教育对象就成为一个重要的前提。任何一位班主任能够取得成功，都离不开对学生情况的了解。俄国教育家乌申斯基说过："如果教育家从一切方面教育人，那么首先就必须从一切方面去了解人。"班主任的工作对象是具有生命力的学生，由于每个学生的原生家庭不同，成长环境存在差异，先天素质、后天素养不同，造就了一个个千差万别的生命综合体。

　　育人先育心，了解学生，走进学生的内心世界是教育的基础与前提。了解和研究学生，包括了解学生个体和集体两个方面。班主任需要了解和研究学生个体的思想品质、学业成绩、兴趣爱好、特长、性格特征、成长经历以及家庭情况、社会环境等。对学生个体进行综合了解、全面分析就能够了解学生集体。所谓"知人才能善教，善教须先知人"，只有充分了解每个学生，才能做到一把钥匙开一把锁，把思想工作做到学生的心坎上，才能取得他们的信任，也才能更好地教育学生。

二、做个爱学生的班主任

　　爱是教育的灵魂，只有融入了爱的教育才是真正的教育。谁不爱学生，谁就不能教育好学生。爱心是班主任走进学生心灵的法宝。作为一名班主任，最基本的素质就是热爱自己的学生。只有热爱自己的学生，才会热爱自己所从事的事业，才会在工作中迸发出巨大的能量。如果一个教育工作者不爱自己的教育对象，师生间就会没有感情、没有信任、没有心灵的交流，是很难能培养出德、智、体、美、劳全面发展的优秀学生的。所谓"亲其师，信其道"，教师只有捧着一颗真心和爱心与学生交流，才能真正走进学生的心灵，把爱化成清泉，浇灌学生心田，滋润学生心灵。

　　"没有一种草不会开花"，每一个学生都是一棵会开花的小草，只是每棵小草开花的时间不同而已。教师要把学生看作一个有无限发展潜力的人，而不是老师被动的施爱对象。当老师把学生当成教育的主体用赞赏的眼光去欣赏学生之美，包容和解决学生问题时，就会发现他们有可爱之处，你不会不去爱他们。美国心理学家威廉·杰姆斯说过：人性最本质的愿望，莫过于得到赞赏。著名的罗森塔尔效应指出：赞美、信任和期待具有一种能量，它能改变人的行为，当一个人获得另一个人的信任时，他便感觉获得了信任和支持，从而增强了自我价值，变得自信自尊，获得一种积极向上的动力。特别是对孩子来说，赞赏更是一剂催人奋发上进的良药。学会欣赏别人，由衷赞美别人，悦人又利己。班主任要"择其善者而从之"，让爱渗入学生成长的每一个侧面，善于发现别人的闪光点，学会借别人的光，照亮自己的路。

　　班里的小菲同学，在小学时学习习惯很不好，作业大多数都不完成，再加上懒惰，导致她基础不好，学习底子薄弱。到了初中，课程增多，她就更懒了，基本上放弃学习。课间、饭后我经常有意识地多和她聊天，时间一长，拉近了我们之间的距离，她很愿意和我交谈，谈她的家庭情况、父母关系以及存在的困惑等。经过一段时间交流，我发现她除了数学不好和懒惰外，其他各方面表现都很好，因为长期住宿的缘故，她的自理、自立能力很强。以此为突破口，我经常给予她鼓励，和她一起制订了一个循序渐进的计划，慢慢改进懒惰这个缺点。同时与她的家长保持联系，取得家长的密切配合。一个学期过去了，在我们共同努力下，小菲变得阳光自信起来，她的学习成绩也明显在不断进步，她逐渐地喜欢这个集体并开始安心学习。

每个学生都是教师职业旅途上的独特风景，教师要以"慢慢走，欣赏啊"的心态，最大限度地发掘、尊重、欣赏每位学生的发展潜能，让它们都能各得其所，将我们的校园创造成"万紫千红，百花齐放"的育人园圃，将每个学生都塑造成能满足未来社会多种人才结构需求的有用人才。

有句话说得好："不是所有的种子都能发芽，但只要辛勤播撒，就会有发芽的可能；不是所有的花朵都会结果，但只要静待花开，就会有结果的希望。"作为班主任，我们只有全身心地用爱浇灌每一位学生的心田，用心去倾听每位学生的心声，静静地、专注地陪着他们，下雨时让他们感受雨的酣畅淋漓，天晴了让他们晒晒太阳，相信每个学生都会花开，每个生命都会发光。

班里还有一个学生叫小慧，有一段时间学习不在状态，上课经常走神，和同学也不大交流了，原本活泼开朗的女孩变得沉默寡言。于是我把她叫到办公室，一开始我问她什么也不说，只是坐在那里掉眼泪。我先安抚好她的情绪，然后从多方面跟她谈心，才了解到原来她的父母经常吵架，甚至到了闹离婚的地步，导致她无心学习，甚至萌发了自杀的念头。我思考良久，决定打电话邀请她的家长来学校谈谈。第二天，我如实地把孩子的心事和我的建议与家长进行沟通交流。家长愧疚于给孩子造成的心理压力，更感激学校对孩子细致入微的关怀。接下来的日子，我经常主动和小慧聊天，跟她面对面地谈心，聊她的喜好，聊生活的美好等。在交流的过程中，我不失时机地抓住她的闪光点，给予及时的表扬和肯定，并帮助她确立自己的目标。一段时间的耐心陪伴，我发现小慧的变化很大：脸上也有了笑容，学习积极了。有一次，她还偷偷地告诉我她的父母和好了，对她也比原来更关心了。

每个学生都是一朵特别的花儿，每个学生都有自己的独特之处。只要班主任用爱心、耐心、细心适时指引，牵着学生的手慢慢成长，静静地等待，就一定能等到花开的那天。只有这样，班主任才能成为学生的人生导师和心灵导师。

其实，教育是一场双向奔赴的热爱。班主任教育学生的实质是师生两颗心愉快地碰撞，在师生双方不断碰撞中，实现感情的交流、融洽、升华。当班主任以真诚拥抱每位学生，用爱心浇灌每位学生，学生回报的必将也是爱。

以情动人——学生管理的情绪策略

戚金鹏

2023年6月12日，江西省九江市一中学的课堂上，发生了惊人的一幕，一位女教师课堂上掌掴学生，学生随即还手并且愤怒地脚踢女老师，甚至拽着头发扇打女老师。当着教室里几十名学生的面，师生双方互不相让，打作一团。后来，据调查得知，在课堂上因纪律问题师生双方先是发生言语冲突，进而因激动导致情绪失控，后发生肢体冲突。

无独有偶，2023年4月12日，湖南宁远县实验中学的课堂上，学生小峰（化名）和同学嬉闹讲话时，影响了张老师上课，多次眼神提醒无果后张老师用手机敲打了小峰的头部，以示警告。可小峰觉得自己是和同学一起讲话的，为什么只有自己受到惩罚，觉得遭到了不公平的对待，随后双方起了冲突，张老师打了他一耳光，小峰出于愤怒，他也回了张老师一耳光，本该是学习的课堂竟成了师生互殴现场。

仔细审视这两个案例，我们不难发现，冲突的升级往往从情绪激动导致失去理智开始。为什么会这样呢？因为学生和老师正处于冲突之中时，哪怕只是言语冲突，都会导致心理上处于情绪激动状态，这个时候遇到事情，往往会做出错误的判断和决策。如果是在课堂这样的环境中，周围有许多双眼睛在旁观，此时教师的批评更容易激起学生不计后果的反抗，即使教师对事情的是非判断正确，批评在理，学生也不会接受。从这些师生冲突的案例能够看出，冲突事件的原因往往并不大，但引发恶性后果的事件一般都具备情绪激动、人群围观、价值判断三个因素。情绪激动，师生都容易做出错误决策；人群围观，使得双方都更为顾及自己的脸面；老师的价值判断，当场指出学生的错误，往往会使被批评的学生难堪，这些要素交织在一起，就必然造成师生言语甚至肢体冲突。

那么，如何避免这样的师生冲突呢？根据著名情绪心理学家阿瑟·阿伦的情绪二因素理论，我们发现一个规律：当一个人情绪激动、心跳加速的时候，恰恰也是一个人容易拉近关系，受别人影响的时候。所以，对青少年学生进行教育转化的时候可以利用这一规律，并结合青少年情绪情感的一般特点，利用"活动"，尤其是兼具竞技性和趣味性的运动会，让学生的情绪激动起来，抓住时机展开教育活动，提高他们的自信心、团队合作能力和积极参与学校生活的意愿。参加活动是一个很好的转化后进生的机会。

小宋同学从初一开始学习上一直表现不佳，缺乏学习动力，沉迷手机游戏，与同学和老师之间的关系也比较紧张。但是他运动天赋比较好，适逢学校举办运动会，我便想利用这个机会帮助小宋转变自己。我先与小宋进行了初步交流，了解他的兴趣和运动方面的能力。我们共同设定了参加短跑、接力、跳远项目的目标，并制定了一个练习计划，鼓励他保持运动状态和运动自信。我还鼓励小宋参与组织接力赛的训练，通过参与团队活动，小宋可以感受到团队合作的重要性，学会与他人合作和相互支持。在运动会上，小宋获得两个第一名和一个第二名的好成绩，我公开表扬了小宋的努力和进步，并给予适当的奖励，颁发荣誉证书和奖品。这样的认可和奖励可以增强小宋的自尊心和学习动力。但是运动会的契机难得，于是我又联合隔壁班级举行了"趣味运动会"，包括两人三足接力跑、背靠背夹球跑、班级拔河比赛等项目。这些机会可以让小宋展示自己的特长和才能，提高他的自信心和自我认同感。通过运动会和相关活动的引导，小宋得到了改变和成长的机会，从而提高了自信心和参与学校生活的积极性。他的变化也在班级中产生了积极的影响，激发了其他学生的学习动力和合作意愿。

充分利用"活动"，可以激活情绪，而在情绪激动时实施教育，往往既能避免师生冲突，又能收到事半功倍的效果。现实中，利用情绪情感的规律对学生进行教育只是激活情绪并不足够，教师应该从多角度去实现我们教书育人的目标。

一、情绪识别和倾听

作为班主任，重要的一步是学会识别学生的情绪变化。注意观察学生的表情、姿态和言行，以便及时察觉他们的情绪状态。同时，倾听学生的声音，让他们感受到被关注和理解。这样师生就可以建立良好的信任关系，使学生更愿意与班主任分享自己的情感和困扰。

二、进行情绪管理技巧教育

通过教育和讨论，帮助学生了解情绪的本质和情绪管理的重要性。在班级中可以开展情绪管理的工作坊、小组讨论或角色扮演活动。教导学生如何识别和表达自己的情绪，以及采取积极的方式来处理情绪困扰。提供一些有效的情绪调节策略，如深呼吸、积极思考、问题解决等。

三、提供情绪支持和辅导

针对那些受情绪困扰比较严重的学生，班主任可以提供额外的情绪支持和辅导。与学生"一对一"地交谈，了解他们的状况和需求，并提供适当的建议和资源。有时可能需要引导学生寻求专业心理咨询或家长的支持。

四、鼓励积极表达和分享

鼓励学生积极表达自己的情感和观点，创造一个开放和支持型的班级氛围。提供多样化的表达方式，如写作、绘画、戏剧等，让学生通过艺术形式来表达情感。定期开展班会或小组讨论，鼓励学生分享他们的成功经历、困惑和挑战，促进彼此之间的理解和支持。

五、建立情绪安全的环境

班主任应该致力于建设一个情绪安全的班级环境。这意味着班主任要尊重学生的感受和隐私，不轻易批评或嘲笑学生的情绪体验。鼓励学生互相尊重和支持，不鼓励恶意攻击或欺凌行为。班主任可以组织班级活动、合作项目和游戏，促进学生之间的互动和友善关系。总之，有效实施学生管理的情绪策略需要班主任的关注、倾听和引导。通过情绪识别、教育、支持和建立情绪安全的环境，班主任可以帮助学生提升情绪管理能力，促进积极地情绪表达和个人成长。

走心的表扬，让教育更有温度

侯永勉

每个人在出色完成一件事后都渴望得到别人对他（她）的肯定和表扬。这种表扬就是激励人的上进心，唤起人的高涨情绪的根本原因。

——马斯洛

每个学生在成长的道路上都需要夸奖、需要鼓励、需要赞美，他们常常会通过周围人的表扬获得持续发展的自信和勇气。因此，表扬学生是班主任开展班级管理工作的一种有效的方法。作为班主任，通过时刻关注学生的细微变化和点滴进步，捕捉学生的闪光点，对学生正面的思想和行为给予表扬，一方面可以增强被表扬学生的上进心，使其巩固和发扬自己的良好行为；另一方面也是树立班级榜样、教育其他学生的契机，使未被表扬的学生从中受到启发、教育，自觉主动向被表扬的学生学习。

班主任对学生的表扬可以是口头型表扬、书面型表扬和身体接触式表扬。同时，班主任老师在实施表扬时应遵循适度、适量、适宜、适时、适事的原则。

同一个班级内学生的思想水平和心理素质存在着很大的差异，从心理学角度讲，对于不同思想水平和不同个性特点的学生，班主任采取的表扬方式也不相同。班主任要想以表扬学生的方式来获取理想的班级管理效果，所择定的策略应当多元化、灵活化，因人因事而异，切忌采用千篇一律、千人一面的程序式鼓励。因此，在表扬学生的过程中更应该注重不同方法的综合运用。

一、表扬应当是多层次、多方面的

哈佛大学教育研究生院教授霍华德·加德纳提出的多元智能理论指出，作为个体，我们每个人都同时拥有相对独立的八种智能，即语言智能、数学逻辑智能、空间智能、身体运动智能、音乐智能、人际智能、自我认知智能、博物学家智能，这八种智能以不同方式、不同程度进行组合，使得每一个人的智能各具特点。

因此，作为一名班主任，不能片面地只用一个指标去衡量学生，而是应当多层次、多方面地对学生进行表扬，鼓励学生多方向发展。比如，面对一个在课堂上多动的学生，班主任可以考虑他的身体运动智能是否发达，是否可以通过运动会、体育课发掘学生潜力和闪光点，给予表扬，这样可以使学生有成就感，从而严于律己，燃起斗志，奋发图强。

二、表扬应当是及时的、具体的

心理学家斯金纳的强化理论提到了正强化和立即强化的重要性，因而，班主任的表扬应当把握时机，要进行及时的表扬，以此来强化学生的积极性和创造性。同时，班主任的表扬也应当是具体的，要抓住重点，不能语言笼统、抽象地泛泛而谈，可以依据以下三个立足点进行表扬。

（一）表扬学生的努力

这样可以赋予学生勇气去继续挑战有难度的任务，比如，当学生在阶段性评价中获取了理想的成绩时，班主任可以表扬他："你的表现真好，相信你在这个过程中一定付出很多的努力吧，你真棒！"

（二）表扬学生的毅力

这样可以起到鼓励学生的作用，同时不会让学生感受到压力。比如，当学生参加长跑竞赛时，班主任表扬学生的毅力，可以更好地提升学生成功的可能性。

（三）表扬学生正确的行为细节

学生的行为细节能够呈现学生的多角度思维，班主任要善于发现学生的行为细节并进行表扬，而且表扬越具体越好，这样做不仅能鼓舞学生，还可以让学生意识到细节的重要性。

三、表扬应当是积极的、适当的

著名的罗森塔尔效应证实了积极的适当的表扬性语言在教育教学中的突出作用，它可以创设更轻松愉悦的氛围，发掘学生的潜能，促使学生进步。一个善于运用积极的适当的表扬性语言的班主任可以让班级管理变得更加美好，让学生们更加积极向上。

班主任在表扬学生时可以从三个方面入手。

（一）陈述事实

当学生有对的或好的行为时，我们需明确告诉他们，什么地方做的是对的，什么行为是值得肯定和欣赏的。我们可以肯定学生的努力与能力，具体指出学生的潜能、优点，鼓励学生表达自己的想法，鼓励尝试新的挑战。在学生找到解决方法时，认可学生从错误中学习。

（二）表达感受

当我们看到了学生好的行为，为他们感到高兴或自豪时，一定要表达出这种感受。这是推动学生前进的动力，会让学生继续做下去。

（三）表达期望

表达新的期望，也就是告诉学生只要他继续努力，他会做得更好。我们不妨表达宏观的期望，不提出具体的要求。如果是具体的要求，学生可能会认为班主任对自己当前的行为还是不太满意，进而产生压力感，让表扬的效果大打折扣。

班主任在进行班级管理时，常用的正面教育方式就是表扬学生。在教育教学过程中，我们要善于捕捉学生的发光点，对学生进行及时的表扬，但也要把握好尺度，恰当而准确地进行表扬。要讲究表扬的艺术，既能使学生明确自己的长处和优点，激励学生的努力和上进；又能营造良好班风，增强集体荣誉感。

浅议青春期学生的挫折教育

戚金鹏

2023年4月4日，张家界天门山4名年轻人留下遗书，先后服毒跳崖自杀。四个人，3男1女，他们分别来自四个不同的省份。年龄最大的33岁，年龄最小的女生才22岁。正当青春年少，他们为何会选择以这样的方式结束自己的生命。

无独有偶，2023年6月9日，陕西省宝鸡市某中学，一名15岁初中男学生手持水果刀，进入教师办公室，师生双方发生争吵，该名男学生拿出水果刀将女老师捅伤，女教师被紧急送往医院后，抢救无效死亡。

这一个个鲜活的生命定格在了冷冷的数字上，要解决问题，就要从源头抓起，从预防做起。

青少年该如何增强心理素质，正确面对人生的"挫折"？学校又该如何对青春期学生进行挫折教育？这些问题显得尤为重要，也尤为迫切。

青少年时期是个人成长和发展的关键阶段，增强心理素质对于他们的健康发展至关重要。青少年面对人生中的挫折是一项重要的挑战，因为他们正处于身份认同、自我价值感和情绪调节等方面的关键发展阶段。那么青少年该如何增强心理素质，正确面对人生中的挫折呢？

首先，教师，尤其是班主任，应该积极引导青少年学会接受情绪。面对学习、情感、家庭等方面不顺心的事情时，青少年可能会感到失望、沮丧或愤怒，这些情绪都是正常的反应。帮助他们学会接受这些情绪，而不是压抑或回避它们。孩子们还可以通过与亲朋好友交流、写日记或从事放松的活动等方式来表达情绪。

其次，帮助青少年培养适应变化和挫折的能力。鼓励他们把挫折看作成长和学习的机会，而不是失败的标志。教他们制定可行的目标，并为实现目标而努力学习。

最后，青少年需要感受到家庭、学校和社区的支持。建立开放的沟通渠道，让他们知道可以从哪里寻求帮助和支持。鼓励他们建立健康的人际关系，与支持他们的同龄人互动。这样可以帮助青少年培养积极的心态，学会以积极的方式看待挫折。鼓励他们寻找处理问题的方式方法，强调他们的成就和优点，以提高他们的自信心。

青春期是一个充满挑战和变化的阶段，学生在这个阶段会面临各种挫折和困难。有效的挫折教育在帮助青春期学生成长和应对挫折方面起着重要的作用。面对青春期的学生，教师应该如何进行挫折教育呢？

一、引导学生接受挫折

青春期学生需要明白，挫折是成长过程中不可避免的一部分。他们应该将挫折理解为一个学习和成长的机会，而不是失败或无能的象征。教育者可以通过实例和故事，让学生了解成功人士在面对挫折时的反应和态度。

二、培养学生积极的心态

帮助学生树立积极的心态，对待挫折时保持灵活的思维方式。老师可以教导学生转变固定思维为成长思维，即将挫折看作是改进和发展的机会。鼓励学生设立目标并努力实现，同时理解到成功并非一蹴而就，需要经历挫折与坚持。

三、培养学生解决问题的能力

挫折教育应该帮助学生培养解决问题的能力。老师可以教授学生一些解决问题的技巧，如分析问题、制订解决方案、寻求帮助和积极应对困难。这些技巧可以让学生在面对挫折时更加自信和有效地寻找解决方案。

四、加强家庭、学校、社会协同育人

建立支持网络。青春期学生在面对挫折时，需要有一个提供支持的社交网络。老师可以帮助学生建立积极的人际关系，鼓励他们与家人、朋友或老师交流，寻求支持和建议。同时，老师也应该提供支持和理解，确保学生在面对挫折时不感到孤立。

五、努力提供挑战和成就机会

为青春期学生提供挑战和成就的机会，有助于培养他们的自信心和抗挫折能力。我们可以组织一些有挑战性的活动，如团队合作项目、领导经验和学术竞赛等，让学生在这些活动中经历成功和失败，并从中学习。

六、培养情绪管理能力

青春期学生往往情绪起伏较大，在面对挫折时可能会产生消极情绪。挫折教育应该帮助学生认识和管理他们的情绪，学会积极应对挫折所带来的情绪压力。教育者可以教授学生一些情绪调节的技巧，如深呼吸、积极思考和寻求支持等。

在挫折教育中，我们应该充当学生的导师和支持者，为他们提供指导和鼓励。通过积极的教育关注，学生能够学会应对挫折、发展应对困难的技能，并在青春期的成长过程中培养自信心和坚韧的性格。

守住"惩戒"的底线，发挥"惩戒"的教育功能

郭德利

"人之初，性本善"还是"人之初，性本恶"，千年的命题，千年的争论。但无论学习者是"善"或是"恶"，教育者都应以善心面对，都应以发展的眼光，以无私的师爱对学习者给予关心、爱护、引导与教化。

在班级建设过程中，班主任老师需要从学生的实际出发，面向全体学生，不放弃任何一个学生，采用榜样带动、制度建设、文化引领等综合策略，激发集体和个体进步的动力，帮助学生发挥其优势长处，以优点驱逐缺点，树立向上、向善的思想、意识和价值观。

一个班级从创建伊始，就会面临各种各样的人的问题，各种各样的关系的问题，如何调节关系、教育个人，如何建设集体与团队、凝聚班级发展的力量，都是很重要的课题。但显而易见的是，增强班级力量的基本原则之一是缓解内部矛盾，消除集体内部各种力量的"内卷"和自我消耗。在教育中，惩戒与表扬同样是行为管理策略，旨在引导学生改正错误行为、培养良好习惯。然而，惩戒必须遵守一定的原则和底线，以确保其不构成身体或心理伤害，并能有效发挥教育功能。"惩戒"做不好，打击了个人的自信心，降低了个体在群体中的存在感、尊严感，就会降低个体与群体之间的信任度。而信任度的降低则会引发人的心态的变化以及人际关系的恶化，对于个人与群体都是伤害。那怎样做才能避免力量的内卷和内部消耗，将"坏事"变成"好事"呢？

一、教育"向善""向上"的总基调不能变

惩戒虽然是为了改正错误，但是我们不能忽视被惩戒者的情感和需求。班主任应该始终坚持以"善良""善心""善行"引导学生向好、向善，以"上进""进取""奋进"引导学生向上、长进、进步。无论在何种情况下，都应当尊重被惩戒者的人格尊严，并关心他们的发展和成长。我们应该无条件地支持学生，以发展的眼光看待学生暂时的思想意识模糊和行为偏差，我们应该以最

大的胸怀唤起"光明"，驱除"黑暗"。

惩戒应与教育目标对应，旨在帮助学生认识错误行为的后果，并培养自律和负责任的态度。教师应明确告知学生惩戒的目的和意义。

教师应提供替代性行为选择，帮助学生理解正确的行为方式，同时提供解决问题的方法。这有助于学生从错误中学习，并培养积极的行为模式。

总之，无论是表扬还是批评、无论是奖励还是惩戒，都只是手段，不是目的。惩戒的目的是教育和纠正错误行为，而不仅仅是惩罚。在执行惩戒时，应当明确告知被惩戒者其错误之处，并帮助他们认识到错误的后果和影响。惩戒应结合端正动机和正向反馈，激发学生的积极性和自我改进的意愿。教师应重点关注学生的努力和进步，并给予鼓励和赞赏。

二、实施教育惩戒，务必做到有理有据，公开透明

惩戒措施应当建立在合理的规则和公正的制度之上，不能凭个人喜好或主观意愿随意执行。应当依据明确的规定，对违反规则的行为进行惩戒，而不是基于个人情绪或偏见。

（1）惩戒的实施必须以事实为依据，以规章制度为准绳。实事求是地实施惩戒，完善的证据链是关键，而这不仅取决于班级的规范事务流程、岗位责任制、档案记录等一系列规章制度的建设和完善水平，如班级日志、课堂日志、团队周记、作业档案等档案材料的收集、整理与保存；还取决于班级成员的平等意识、规则意识以及事务负责人的正义感和责任感。

（2）实施教育惩戒应当听取当事学生的陈述和申辩，学生和家长申请听证的，应该根据规章制度，做出明确的答复。学生对于惩戒结果有意见的，应明确其在规定时间内的申诉权。尊重学生的权力与权益，不仅是为了维护程序的正义，更是将公平法治的观念根植到学生的心中，这是实施教育惩戒的根本目的。

（3）惩戒应基于公正和公平的原则，不应受个人特征或背景的影响。教师应尊重学生的尊严，并确保惩戒的方式和程度合理。

（4）惩戒应是适度和适时的，避免过度惩罚或滥用权力。教师应在学生冷静下来后再进行惩戒，并避免急躁或情绪化的决定。

三、班主任应主动承担起后续的跟踪工作

惩戒不是结束，而是新教育历程的开始。推动当事学生思想上重视、心理上平复、态度上转变、行为上纠偏，需要以班主任为中枢，协调班级组织与成员、科任导师、专业教师、监护人、社会工作人员等全方位的教育力量共同参

与，注重对当事学生个人的沟通和帮扶。发挥团体的力量，积极引导班级组织对于学生个人的再认识与再接纳。当学生积极改正自身的错误时，我们应该及时地给予表扬和鼓励，适时地给予提前解除教育惩戒或者纪律处分的奖励，并依据法律规定撤销有关档案记录。总之，我们所有给予的积极心理暗示与实际帮扶，其目的是要从根本上引导学生明白自身的价值、身负的责任，推动学生由内及外地为自己的形象负责、为自己的行为负责，激发学生重新扬起青春的风帆，踏上"向善""向上"的成长轨道。

四、明确范围，分类实施

惩戒应当在适当的程度上进行，不能过度严厉或过于宽松。同时，惩戒应当及时给予，以达到警示和改正错误的效果。

（1）班主任应建立和完善班级规章制度，细化事务流程，梳理各类档案记录等，其目的在于贯彻以人为本，因材施教的理念，支撑起班级文化，尤其重视发挥核心价值观对于群体和个体所产生的强大、持久的影响力和教育力。表扬与批评、奖励与惩戒是常见的教育方式，是客观存在的教育手段。既然是手段，那就不能以其为目的，以其作为"压服"学生的途径。

（2）班级的常规管理建立在学生自律、团队约束、干部监察的基础之上，是学生自律与他律相结合的产物。因学生违纪违规行为的程度不同、范围不同、影响力不同，惩戒的实施方式和力度也会不同。在这一点上，班主任及其团队务必在充分学习有关规章制度的基础上，进一步明确范围，分类实施，不可以缺位、失位，也应避免越俎代庖，越位、乱为。

五、班级管理故事化、情景化、游戏化探索

中小学生尤其是中低年龄段学生的心理特点，决定了教育管理、教育硬性惩戒实施的现实困难，那是不是对于这些年龄段的学生就可以放任自流了呢？无论从学生个体发展的需要，还是从班级育人的角度，答案都是否定的。要解决这一矛盾，可以在班级、团队内部开展教育惩戒游戏化、娱乐化探索，将硬性惩戒转变为软性惩戒，将无情的制度转变为有情的管理。

（一）班级管理游戏化，游戏即规则

班主任有意识地将学生喜闻乐见的游戏场景、动画场景、故事场景或生活场景再现于班级，将班级事务故事化、情景化、游戏化，如设置海底总动员场景，我是小小交通员场景等。设计故事化的目标，组织学生扮演真实角色，引导学生在"玩"的过程中，针对遇到的不同难度的问题和不同维度的现象，共同制定游

戏规则，并将其可视化。在共同维护游戏顺利开展的过程中，依据规则，对学生的行为给予及时的奖惩，树立并培养学生的规则意识和社会意识。

故事化、情景化、游戏化的班级管理需要积极营造自主、愉悦、轻松、活泼的育人环境，以建设和谐的师生关系和生生关系为基础，以学生的"体""智""情"为核心关注因素，引导学生自愿参与，关注学生的亲身体验。其基本原则是先有实际情景和故事目标，后有学生体验，再有感悟、实践和创新，即"用中学、用中悟，学中用"。

（二）尊重学生的个性和选择权，促进教育奖惩内容游戏化创新

（1）创新奖惩内容。结合班级学分制体系，积极开展代币制奖惩创新，如：设计使用"心愿卡""免作业卡""游戏卡"等奖励卡片；设计使用"惩罚卡"，卡片内容由学生或团队提议，经班级合规审核，班级大会审议通过，予以实施。

惩罚卡上的内容轻松、活泼、易于接受，但给个人和群体都会留下较深的印象。如：分别做出喜怒哀乐四种表情；趴在桌子上游泳；模范一种动物，直到扮演者被猜出来；原地快跑1分钟；跑调唱歌一首；模仿杰克逊跳舞；走猫步；模仿四种经典的QQ表情，主要以动作类和语言类的内容为主。

（2）尊重学生的个性和选择权。允许学生自主选择或者抽取"惩罚卡"，降低硬性惩戒对学生身心造成的压力，减轻教育惩戒给学生带来的负面影响，有利于群体和个体更快地修复关系，推动学生更新认识，纠正行为。这既体现班级管理的人文性和民主性，又能维护班级管理的活力和凝聚力，推动班级管理的效能提升。

六、切实加强家校联合，发挥家校共育的力量

无论学校还是班级在制定有关教育惩戒的规章制度时，都应该充分考虑各方的意见和建议，尤其在组织机构设置和议事程序上加强与家长委员会的沟通与合作，吸收家长参与学校、班级的教育惩戒监事会、教育惩戒执行委员会等组织机构，监督教育惩戒的实施。学校，尤其是班主任老师，应注意通过家长信、公众号、班级通讯网络等多种途径，积极在家长层面进行有关规章制度的宣讲、沟通和交流，争取家长对于我们实施教育惩戒的理解、支持与配合。更为重要的是引导广大家长朋友积极履行对子女的教育职责，尤其是引导部分后进学生的监护人配合学校对孩子的管教，把违规违纪的苗头消灭在事前。

总之，惩戒在教育中有其正当的地位和作用，但是我们必须守住底线，注重发挥其教育功能。以合理、公正、适度、适时、教育导向的原则来执行惩戒，以便更好地引导学生的行为，促进他们的成长和发展。

第四章

『家校』共育

明家庭育人责任，悟有效育人方式

郭德利

"家庭教育以立德树人为根本任务，培育和践行社会主义核心价值观，弘扬中华民族优秀传统文化、革命文化、社会主义先进文化，促进未成年人健康成长。"（《中华人民共和国家庭教育促进法》）。

"中小学校、幼儿园可以采取建立家长学校等方式，针对不同年龄段未成年人的特点，定期组织公益性家庭教育指导服务和实践活动，并及时联系、督促未成年人的父母或者其他监护人参加。"（《中华人民共和国家庭教育促进法》）

习近平总书记2018年在全国教育大会上发表重要讲话，强调"家庭是人生的第一所学校，家长是孩子的第一任老师，要给孩子讲好'人生第一课'，帮助扣好人生第一粒扣子"。

2022年1月1日，《中华人民共和国家庭教育促进法》正式实施，明确了家庭教育的概念，规定了家庭教育工作的基本原则、政府推进家庭教育工作的领导体制、工作机制和保障措施；明确了父母或者其他监护人实施家庭教育的法定责任。这是我国首部关于家庭教育的专门立法，体现了党和国家对家庭教育的高度重视，也标志着将家庭教育由以往的传统"家事"上升为新时代的重要"国事"。

苏霍姆林斯基说，教育的效果取决于学校和家庭教育影响的一致性。如果没有这种一致性，那么学校教学和教育过程就会像纸做的房子一样倒塌。服务于家校协同育人的需要，家长、专兼职教师面临更高的期待和要求。我们需要主动提升自身使命感和专业素养，更好地承担家庭教育指导工作，引导广大家长树立正确的教育理念、掌握正确的教育策略和方法。

一、家庭教育现状问题呈现

（一）家庭教育意识不够

在大部分家长尤其是农村家长看来，学校好像总是处于教育的第一位，认为孩子进了学校，教师可以全方位地确保孩子的学习和教育。如若老师向家长讲述家庭教育的重要性，部分家长私底下肯定会认为老师和学校在推脱责任，

"家庭教育重要？那要你们老师干什么？"

还有一些家长对"第一所学校"的理解有所偏颇，把家庭变成了学校的"第二个课堂"，家庭教育成了学校教育的"尾巴"，每天对孩子的教育就是成绩与升学，和孩子谈论的都是分数与排名，对孩子的情绪、习惯、修养、人格等方面关心不够。

（二）重智育、轻德育

大部分家长希望孩子用知识改变命运，想让孩子上大学、上名校，将来找到好工作，但是在将来孩子所面临的很多问题是无法用好的学习成绩去解决的，比如同伴之间的关系问题，将来伴侣的选择问题。这些问题处理不好都很可能毁掉一个高分数的孩子的一生，近年来，社会上一些名牌大学的学生出现的各种问题就是最好的例证。所以这种明辨是非的能力、良好的心理素质、健全的人格都是家庭教育所应该重视的。

（三）问题归因不清，处理不当

"父母之爱子，则为之计深远。"孩子们的生活习惯、道德品行、谈吐举止等一系列的表现，都会不断地受到家庭教育给予的指引和影响，并且会潜移默化地伴随他们的一生。家庭教育不当带来的问题有显性的也有隐性的，危害都不容忽视。近年来，不同年龄段孩子的抑郁、自杀及其他心理问题也呈现出增长态势。孩子出了问题，很多父母会一味地把错误归咎到孩子或他人身上，没有反思自己，更不会考虑到这也许是家庭教育的缺失或者是错误的家庭教育方法所导致的结果。长此以往，父母和孩子都不会得到成长，甚至会出现更为严重的后果。

二、家庭教育的责任与使命

（一）古代家庭教育的精髓

在以儒家文化为主导的中国传统文化的影响下，中国古代的教育理论十分重视人的培养，将培养完美人格作为教育的重要目标。我国古代的家庭教育思想受其影响，也非常重视教育子女怎么样做人，重视子女人格的完善。"好学近乎智，力行近乎仁，知耻近乎勇"，"仁者爱人"且"推己及人"，这就进而决定了我国传统家教的核心内容是以德育为高，以智育为主，以为人处世之理为纲，最终达成完美人格的教育目标。我以孔子和孟子的家庭教育思想为例加以说明。

两千多年前，中国古代的大教育家孔子非常重视家庭的起始教育，家庭教育要遵循的原则就是诚信与威严，"相亲相爱，和睦共处"的"仁爱"原则。在现代教育中秉承孔子思想的精髓，对青少年的健康人格的形成大有裨益。

孔子认为，父母的经验足以指导子辈的行为，父母应当替子女的行为结果负责。父母应当以身作则，做好子女的表率。如果其身不正，就必然把孩子带坏。

孔子还十分注重家庭教育的环境，认为只有创设良好的环境，才能"长成若天性，习惯成自然"。

孔子提出家庭的伦理道德教育是对国家政治的保障。他认为家庭伦理教育是一种情谊的教育，因为，因情而有礼义。家庭的教育不仅关系到个体家庭的和睦和巩固，还有利于社会和国家的安定。

孟子则指出"国之本在家"，近年来习近平总书记多次强调重视家庭建设，因为中国社会自古以来的鲜明特点是家国密不可分，家是中国社会最重要的基础，关注家教，关注家风，首先要关注家庭、支持家庭、维护家庭、发展家庭。提高家长教育胜任力，不只是家务事、校务事，而是要成为整个社会的"全民事"。

（二）当代家庭教育的责任与使命

中国新家庭教育研究院孙云晓教授曾经提出了家庭教育所致力实现的十大愿景：新家庭教育是倡导科学的教育；新家庭教育是呼唤真爱的教育；新家庭教育是捍卫家庭的教育；新家庭教育是崇尚尊重的教育；新家庭教育是共同成长的教育；新家庭教育是平衡和谐的教育；新家庭教育是积极阳光的教育；新家庭教育是亲近自然的教育；新家庭教育是家校互助的教育；新家庭教育是文化自信的教育。

2021年，国家颁布了《中华人民共和国家庭教育促进法》（以下简称《家庭教育促进法》），对家庭教育提出了新要求、新展望。"促进"聚焦的是家庭的成长，指向的是家庭教育的责任。

家庭是一个由内部成员因素和外部影响因素构建的系统，是一个动态的不断成长、发展的体系。《家庭教育促进法》聚焦的是一个家庭的成长过程。同时，"促进"也意味着全社会的教育、公检法等系统，妇联、共青团等社会团体都承担着为家庭教育贡献自身力量的责任与义务，都应当围绕着国家的发展目标和计划共同努力、共同实践。

中国政法大学副教授苑宁宁认为："制定《家庭教育促进法》的首要目的是让父母意识到自己是家庭教育的第一责任人。父母没有这个意识，政府、社会供给服务都无从谈起。"《家庭教育促进法》从法律层面规定了家庭教育的总体要求、父母（监护人）承担的责任、行为红线、法律介入的时机与条件。为父母（监护人）提供了实施家庭教育的指引，构建了涵盖学校、社会、政府有关部门的家庭教育支持体系，有力地推动了一些父母作为家庭教育首要责任人"不懂家庭教育"、政府作为家庭教育关键支持者"不管家庭教育"的局面的改观，使家庭教育成为整个国家教育体系的重要组成部分。

对人类而言，孩子是真理、爱和人生意义的最大来源。父母作为家庭教育的主体，是孩子的第一任老师，也是最重要的老师，因而父母树立正确的教育观念非常重要。在今后的工作中，我们作为家庭教育指导教师需要指导家长明确以下理念。

（1）为国育人、为国育才，培养心怀"家国"的建设者。有理想、有志气、有骨气，掌握人类发展普遍规律的新时代建设者是推动中华民族伟大复兴，助力中华民族屹立于世界民族之林的基本保证。

（2）父母是最重要的老师，家庭是最重要的课堂。父母作为孩子的第一任老师，也是最重要的老师，需要意识到自己的重要性。有一个成语叫"上行下效"，也就是说当父母做了不好的榜样时，孩子也会这么做，所以，当父母想要让自己的孩子优秀时，自己首先要以身作则，做一个好人，做一个优秀的人。在家庭生活中促进孩子道德品质、身体素质、生活技能等的全面发展。

（3）成绩与爱无关。通常来讲，有条件的爱对事，无条件的爱对人。成绩和爱之间确实没有直接的关系。成绩主要反映了一个人在学业上的表现和成就，而爱则涉及情感和人际关系。尽管成绩可能在一定程度上反映一个人的努力和能力，但它并不是衡量爱和人性的唯一标准。爱是一种情感和联结，包括了互相关心、支持、尊重和理解。它与成绩无关，因为它涉及更深层次的人际关系和情感交流。无论成绩如何，每个人都有权被爱和被接受。

父母给予孩子的爱不应该是有条件的爱，而应该是无条件的爱，给孩子足够的安全感，这样孩子在面对外界的艰难险阻时才能有信心、有能力去克服。但无条件的爱不是溺爱，而应该坚持原则，让孩子明确边界，即什么可为、什么不可为。和善而坚定的爱才是健康的爱、高质量的爱。

（4）家庭教育的很多问题是理念的问题，而不是方法的问题。家庭教育的理念涉及家长对教育目标、价值观和方法的看法和理解。不同家庭可能有不同的理念和价值观。

这些理念的差异可能包括：对于教育的目的和重点的看法，强调学业成绩还是个人成长和全面发展；对于竞争和合作的观念，鼓励竞争还是注重合作；对于自主和纪律的看法，注重自主发展还是强调纪律和规矩，等等。

当家长在教育中持有不同的理念时，可能会出现教育方法的冲突和困惑。

因此，促进家庭教育的健康和良性发展，还需要家长之间的理念沟通和协调，尊重彼此的观点，并寻找一个平衡和共识，以确保孩子得到良好的教育、实现全面的发展。

（5）让孩子努力活出自己人生的意愿。很多的父母喜欢把自己的意愿强加在孩子身上，希望孩子实现自己没能实现的梦想。但真正爱孩子的父母懂得尊重孩子是独立的个体，应该尽全力支持帮助孩子发展成自己想要的样子，而不是父母想要的样子。

家庭教育的终极目标是父母（监护人）参与了一个生命的成长，这个生命存在于这个美丽的世界，让"我"有机会和她（他）同行一段。

（6）不要把一棵杨树修养成了柳树。每个孩子有自己独特的性格和喜好，也有自己的优势和劣势，而这些东西决定了他今后的发展道路。作为父母，要明白孩子适合什么，不适合什么，不要逆势而为，把一棵杨树修养成柳树。我们应该明确，父母的职责就是给孩子提供一个安全的环境，至于如何探索世界，是孩子的自由。

（7）教育就是培育人的精神长相。教育不应仅仅注重知识和技能的传授，更应关注学生的内在成长和人格的形成，注重学生良好的品格、正确的人生观、价值观、道德观念等方面的发展，旨在塑造学生的思维方式、情感态度和行为规范，培养具有良好素质、道德觉悟，有创造力、有社会责任感的公民。教育需要家庭、学校和社会的共同努力与配合，是一个综合的过程。

2022年2月6日，中国女足时隔16年再登亚洲巅峰，夺得亚洲杯冠军！

赛后，队员张琳艳手持五星红旗。眼含热泪地说："上半场落后两球，下半场我们就想着攻，肯定能打回来，结果也如我们所料，绝杀她们了！"

现任中国国家女子足球队主教练水庆霞谈到有什么宝贵经验可以与队员们分享时，她说："要有坚定的信念，要更自信，要勇于展现自己。"

每个孩子一出生，天然就有一个精神胚胎。家长和教师的使命就是让孩子逐步对自己的精神长相负责任，去掉沾染的各种污秽，培育人身上的精神"种子"。事实证明，一个良好的精神长相要有"相信自己的冲劲，顽强拼搏的韧劲，团队合作的拼劲，困境中不服输的干劲"。把真心实意投入所做的事情，找到正确的方向，一个人就能真正有了魂，有了精气神！

（8）孩子如果认真生活、不做坏事，家长请放手让孩子自己来。很多的父母"望子成龙""望女成凤"，总是希望自己的孩子在各个方面都是优秀的，所以总是有意无意地插手子女的学习、生活，让孩子特别反感。其实，只要孩子心态积极阳光，认真生活，只要他正直善良、不做坏事，家长就不需要过分焦虑。家长参与孩子的成长，需要信任支持孩子，不要包办一切事务，而是要相信孩子可以独立解决这个事情，放手让孩子来。在他遇到解决不了的事情时，再及时伸出援手。毕竟，孩子人生的主角应该是他自己。

（9）在一起。陪伴是最长情的告白，也是拉近父母与子女之间关系的最行之有效的办法。孩子需要父母的陪伴，无论是牙牙学语蹒跚学步的孩童时期，还是充满个性和叛逆的青春期，孩子都需要父母高质量的陪伴。

（10）做好情绪管理。当孩子犯了错误时，不要一上来就怒气冲冲，或者是破口大骂，而是应该冷静平和，沉着应对。因为一个性格温和、支持理解孩子的成年人是有助于孩子的成长的。

三、落实《家庭教育促进法》，学校如何做

北京师范大学2018年的《全国家庭教育状况调查报告》指出，四分之一左右的四年级和八年级学生表示"家长从不或几乎不花时间与我谈心""从不或几乎不问我学校或班级发生的事情""从不或几乎不和我讨论身边发生的事情"；超过七成的四年级和八年级学生表示"家长从不或几乎不花时间和我一起谈论电影或电视节目"。父母对子女学业有很高期望，但极少或较少跟子女讨论"人际关系""兴趣发展""心理状况""日常行为习惯""道德品质"等话题。由此可见，尽管传统文化上我们国家是非常重视子女教育的，但现实却是一些父母因为各种原因丧失了对子女的教育能力，更多的父母不重视子女家庭教育，最终导致一系列的家庭、学校和社会问题。

鉴于此，《家庭教育促进法》坚持问题导向，明确家庭教育以立德树人为根本任务，使家庭教育凸显定位、回归本位。其重点之一是规定家庭教育的内容、要求、方式方法，明确家庭教育和学校教育的界限，把以往家庭教育承担的学校教育功能"还"给学校，把学校教育承担的家庭教育功能"还"给家庭。这就意味着家校间的"合作"不能只停留在学业成绩、生活习惯上，也不能停留在任何一个具体领域或维度上。完整的人的塑造需要完整的生活，需要将家校合作放在多维度视角下综合考虑和推进，构建完整的家校合作，构建完整的家校成长共同体。

四、《家庭教育促进法》，明确家庭教育的责任边界

《家庭教育促进法》首先明确了父母的家庭教育主体责任；其次明确了政府和社会为家庭教育提供指导、支持的责任——也就是明确了国家、社会和父

母在家庭教育上的职责分工。同时,《家庭教育促进法》用大量的篇幅规定国家、社会、学校等对父母提供家庭教育的指导和帮助;从而在法律层面明确了对于家庭内部关系,要以刚性约束作底线、以软性要求为主体,多方联动,利益共建。

五、《家庭教育促进法》缓解家长"教育焦虑"

《家庭教育促进法》呼应减轻义务教育阶段学生作业负担和校外培训负担的"双减"要求,缓解了家长较为普遍存在的"教育焦虑"。据调查,中国家长焦虑的指数不断攀升,68%的家长感到焦虑,尤其在幼儿小学阶段。36%的父母认为自己不合格,超过半数的父母为自己频繁对孩子发脾气而内疚。61%的父母希望能多抽些时间陪伴孩子。为了攒出孩子教育费,48%的父母放弃私人时间和爱好,37%大幅减少或完全停止休闲活动和度假。64%父母担心没有孩子为孩子做到最好。

家长挥之不去的"教育焦虑",更主要体现在对孩子学习成绩的焦虑,很多家长把"育儿"视为"育分",担心孩子在学校学习没抓紧,也没有参加大量课外培训,导致在与同龄人的学习竞争中落败。对此,《家庭教育促进法》规定家庭教育"立德树人"的重点内容、教育方法以及各方面对家长提供支持协助的责任,目的就是要帮助家长缓解"教育焦虑",为家长正确实施家庭教育"减负"。

为家长实施家庭教育"减负",推动家长依法履行培育、引导未成年人道德品质、身体素质、生活技能、文化修养、行为习惯发展的职责,当前学校教育需要做的最要紧的工作,就是帮助家长缓解对孩子学习成绩的焦虑,使家长能够把家庭教育的重点聚焦于立德树人,促进未成年人道德品质、身体素质、生活技能等全面发展。为此,学校要深化教育教学改革,通过改进教学方式、提高课堂教学效率、提升教学管理水平,以教育教学实效消除家长对孩子学习的担心,特别是要消除家长对孩子学习成绩的"执念",引导家长走出家庭教育简单化、短视化、功利化等误区。

六、悟有效育人方式,教师主动担当,落实《家庭教育促进法》

(一)多渠道助力教师的自身成长

班主任在开展家庭教育指导工作时,必须依法施教、按照科学规律实施家庭教育指导工作,重视更新家长教育理念、丰富教育手段、合理运用教育策略和方法,理性看待孩子发展过程中出现的问题,合理处理亲子关系和家庭矛盾。这就要求班主任一方面要主动学习,开阔视野,超越创新,更好地满足家庭教育指导的科学化、规范化需求；一方面要自觉反思，查找工作中的不足与缺漏，克服主观与偏见，以积极心态查漏补缺，不断取得成长与进步。

实践证明，只有在热爱我们的事业、尊重我们的工作、掌握正确的策略技巧、坚持实践与创新的前提下，才能取得预期的专业素养和实践能力的成长。

（二）用班级发展共同体的理念构建"家校"合作共育的新关系

作为班主任，一方面要在班级里进行组织、制度和流程建设，用人本思想和班级文化建设将学生组织起来，成立学生发展委员会，以凝聚班级内部团结上进的力量。另一方面，通过组建由家委会主任、副主任，秘书长，外联部，生活财务部，活动部，宣传部，安全部，学业促进部等部门及专职委员组成的家委会，将家长组织起来，最大限度地整合、利用、开发多方资源，调动多方积极性，以形成良好的学校教育与家庭教育合作共进的格局。建立并发展由教师团队、学生团队、家长团队构成的班级发展共同体，建构起家校合作共育的新型关系，推动德智体美劳五育工作的顺利开展与水平的提升。

（三）开展主题活动，增进亲子了解，和谐家庭亲子关系

和谐的亲子关系是家庭教育的基础，是有效进行家校共育的前提。例如，班主任可以联合语文科任老师开展"父母访谈"活动，学生们通过对父母的访谈，完成访谈记录，制作相应课件，并在课堂上面向全班介绍父母的工作及自己的感触。通过活动增进了孩子对父母的了解与理解。

再如，班主任在家长群体中，开展"给孩子的一封家书"活动，通过书写一封家书，唤起父母对孩子幼时的甜蜜回忆，引导他（她）们发现孩子的成长，抒发他（她）们对孩子的期许与祝福。结合众多的实践来看，最多出现的字眼就是"感动""拥抱""变化"，活动均取得了良好的效果。

（四）多渠道加强"家校"沟通，积极发挥家长影响力

班级通过家校联系手册，通过开辟每日学生的话、家长寄语、班主任寄语等栏目畅通三方的书面交流渠道。

班级通过建设微信群、家委会联系群、家长内部交流群，钉钉团队群、钉钉学习促进群，班级公众号等网络沟通平台，实时发布包括家庭教育策略、方法，班级动态信息，学习指导策略，亲子交流案例等内容丰富的文字、图片、音视频信息与资料等，扩充家长的知识储备，帮助家长解决育子难题。网络信息平台的建设与发展既有助于传播正能量，又可以有效指导家长如何爱孩子，如何养育孩子，班级的各种信息平台成为家长的贴心伙伴。

班级开展"百家讲堂"活动，将家长请到学校来，挖掘家长自身蕴藏的丰富的教育资源，开设专题讲座，内容涉及高科技发展、法制教育、卫生防疫多方面，开阔师生的眼界，拉近家校的距离，提高五育共举、家校共育的水平。

班级在学期末，通过评选"家校"合作突出贡献个人等方式来激发家长参与家校共育活动的积极性。

形式多样的家校联系方式与渠道，有效地帮助了广大家长朋友提出自己在家庭教育方面的疑惑并分享自己的育儿经验。

（五）全员家访，做一个让家长和学生都喜欢的客人

密切家校联系，请家长参与教育活动，就需要不断拓宽联络的形式，"请进来"的同时，还要"走出去"。尤其在学生取得进步的时候主动联络进行家访，把学生的在校情况进行适当综合，变"告状式家访"为"鼓励式家访"，明确的目的和恰当的期望一方面给予孩子更大的鼓励，一方面鼓舞了家长参与教育活动的信心，提升"家校"共育的效果。

（六）创新家长会的工作模式，落实家长会的实效

为落实家长会的实效，班主任老师应积极创新家长会的形式，力求目标明确，促进家长理念的转变与提升。学期初，主要召开线上的专题报告会和家校恳谈会。全面阐述本阶段教育的特点，如课业的负担，要求学生的记忆量，最新的教育改革要求，学生的良好习惯培养，学生良好的学习方法的掌握等；学期中，主要召开线下的学习成果展示会和经验交流会。树立身边的榜样，传播优秀的做法和经验；学期末，主要召开分类家长会。对班上的整体情况和学生的个别情况分别介绍，针对不同的学生提出不同的要求。要求家长对学生高标准、严要求。同时，帮助家长创新奖励机制，以有效支持教育行为的实施。

总之，家庭教育中，父母对于孩子的教育应该是理念上的影响者，行为上的示范者。如此，孩子才会养成正确的价值观。同时，对于孩子，他们需要来自家庭的安全感和支撑，而这些需要充足高质量的陪伴和亲密的亲子关系来实现。每一个父母（监护人）都不容易，成为一个合格的家长更不容易。作为老师，我们需要尽百分之百的努力为家庭教育助力。"路漫漫其修远兮，吾将上下而求索。"家庭教育是需要各层面共同努力、共同成长的教育，各美其美，才能美美与共。

最好的教育来自家庭

侯永勉

家庭是人生的第一个课堂，父母是孩子的第一任老师。广大家庭都要重言传、重身教，教知识、育品德，帮助孩子扣好人生的第一粒扣子，迈好人生的第一个台阶。要在家庭中培育和践行社会主义核心价值观，引导家庭成员特别是下一代热爱党、热爱祖国、热爱人民、热爱中华民族。要积极传播中华民族传统美德，传递尊老爱幼、男女平等、夫妻和睦、勤俭持家、邻里团结的观念，倡导忠诚、责任、亲情、学习、公益的理念，推动人们在为家庭谋幸福、为他人送温暖、为社会作贡献的过程中提高精神境界、培育文明风尚。

（节选自习近平总书记在会见第一届全国文明家庭代表时的讲话，2016年12月12日）

党的十八大以来，习近平总书记在不同场合多次谈到要"注重家庭、注重家教、注重家风"，强调"家庭的前途命运同国家和民族的前途命运紧密相连"。随着《中华人民共和国家庭教育促进法》的出台，家庭教育也开始由"家事"上升为"国事"，说明家庭教育工作已成为国家战略。可见，家庭教育对孩子的发展具有深远的影响，影响着他们的自尊心、自信心和人际关系能力。

孩子的第一任老师是父母，孩子最早学习的榜样也是父母，家庭教育会直接影响孩子的行为和心理。家长的教养方式、陪伴程度和榜样行为等会对学生从以下几个方面产生影响。

一、家庭教育对学生性格的影响

家庭教育研究者根据家长对孩子"支持（通过交流沟通、关心、陪伴支持满足孩子特定的需要）"和"要求（通过行为规范、活动监督等方式对孩子进行管教）"两个维度上的得分，将父母教养方式分为四种类型：

权威型	高支持、高要求
专制型	低支持、高要求
民主型	高支持、低要求
放任型	低支持、低要求

学生性格一部分是遗传决定的，如外倾性和内倾性，而另一部分跟家庭的教养方式有很大的关系。权威型的家庭会培养出任性、缺乏独立性、情绪不稳

定、易于骄傲的孩子，保护过度也会使孩子变得被动、依赖、沉默、缺乏人际交往的能力。专制型的家庭会使得孩子的性格倾向于顽固、冷酷无情、倔强，还会在一些事情上极具缺乏自信心和自尊心。在这样的教育下，有一部分孩子选择变得顺从以避免责罚，长久下去会对父母过于依赖，缺乏自主独立性。民主型家庭中的孩子的性格会比较独立、大胆、善于交际，有独立分析、自主思考的能力。放任型的家庭会导致孩子的自控力变差，对一切事物采取消极的态度，容易出现不良的心理状态。

在家庭中还会出现父母教养方式不一致的情况：爸爸是放任型，妈妈是专制型；或者爸爸是权威型，妈妈是放任型。家庭教养方式的不一致，会导致孩子出现成长选择的矛盾，容易养成孩子性格的两面性。

二、家庭教育对学生人际交往能力的影响

心理学家罗杰斯曾说："我们都是通过从他人那里获得无条件的积极关注来增加积极的自我评价，而只有父母才可能为我们提供这样高质量的人际关系。"

家庭对孩子的影响还体现在人际交往能力上。对于孩子而言，最初建立起来的与他人的关系就是亲子关系，也就是孩子与父母（或者家庭抚养人）的关系。亲子关系的建立和质量，是孩子在未来与他人建立相处关系的重要基础。

亲子关系是孩子出生后学习到的第一种人际相处关系。在建立亲子关系的过程中，孩子会亲身体验到与他人的情感流动、语言交互、相处方式，通过亲子关系的不断巩固和不断改善，形成孩子日后的人际交往模式。因为在孩子的早期学习中，观察学习占比较大，而家庭里父母等抚养人是孩子接触最多的人，孩子自然会从中学习到人际交往技巧并加以运用。所以，家长要有自我觉醒的意识去建立和谐的亲子关系，可以通过良好的亲子沟通增强情感联系、解决问题，可以给孩子营造民主、轻松、积极、有爱的家庭互动氛围，让孩子身心放松、舒畅地投入生活和学习活动中，引导孩子学会关心人、爱人，提升孩子对幸福的感知力和抗挫折能力。

三、家庭教育对学生行为习惯的影响

心理学家威廉·詹姆士说："播下一个行动，收获一种习惯；播下一种习惯，收获一种性格；播下一种性格，收获一种命运。"养成良好的习惯，能够促成孩子更全方位的成长。家庭教育对孩子行为习惯的影响是潜移默化的。父母平时的行为、言谈举止，将直接影响孩子的习惯养成。孩子良好的品性修养不仅从书上习得，早期的来源主要是父母等家庭成员的言传身教。

　　家长应该多安排时间给孩子高质量的陪伴，通过亲子沟通了解孩子的成长困惑，掌握孩子的心理动态，让孩子们通过观察、学习家长的一言一行、一举一动，形成良好的学习和生活习惯，比如：珍惜时间的习惯、承担家务的习惯、自觉学习的习惯、尊重他人的习惯、理财习惯等。通过言传身教的家庭教育，引导孩子学会做人、学会学习、学会生活。

　　良好的阅读习惯能让孩子终身受益，家长可以通过和孩子一起布置书房、读书角来创造家庭阅读环境。家长放下手机，与孩子一起阅读，不仅可以密切亲子关系，还可以营造和谐的家庭氛围，减少电子产品对青春期亲子关系的冲击。

四、家庭教育对学生生活态度的影响

　　正如教育家马卡连柯所说："你怎样穿衣服，怎样和别人谈话，怎样谈论其他人，你怎样表现欢欣和不快，怎样对待朋友和仇敌，怎样笑，怎样读报——所有这些对儿童都有很大的意义。"家长的生活态度也会在潜移默化中被孩子模仿，对孩子的成长产生深远影响。

　　家长应该在家庭中给孩子传递正能量，营造一种阳光向上的家庭氛围。家长在家庭生活中遇到问题要先做到不抱怨、不逃避，勇敢地面对问题，并用实际行动去解决问题，孩子在耳濡目染中就会学到怀揣希望、乐观向前的生活态度。

　　家长希望孩子保持学习的进取心和求知欲，家长本身就要通过学习来提升素养；家长希望孩子不要沉迷于电子产品，多读书，家长自己就要在家庭中放下电子产品，多阅读，多获取知识，孩子在观察家长的言行时就会学到勤于学习、善于思考的生活态度；家长希望孩子坚强、勇敢，在面对生活中的不如意时，就要放弃以抱怨和发脾气的方式来应对，孩子也会在家庭生活中学会理性面对压力、调整情绪和缓解焦虑的方法。

　　家庭教育对孩子一生的影响是许多教育都不能够抵消的，也是任何的教育都无法取代的。新时代的家庭教育需要家长和学生组成共同学习团队，学生要学习成长，父母也要学习如何养育和教导孩子，通过不断优化家庭教育的方式方法，为孩子的健康快乐成长赋能。

家校良好沟通，助力班级建设

房璐璐

学校和家庭是学生成长的重要环境，家校合作，家校共育，通过沟通交流，形成合力，对学生进行教育，有利于学生的健康成长。营造和谐、融洽、稳定的家校关系，更有利于将家校合作推向纵深，发挥学校、家庭对学生成长的积极叠加效应，共同促进学生的全面发展。

但是家校沟通是一门艺术，非常考验学校教育工作者，尤其是班主任的教育智慧。如果家校间能够实现良好沟通，学校教育会得到家长的大力配合，很多工作就能事半功倍。反之，如果家校双方沟通不畅，就会产生一些误会，不利于对学生的教育。那么，建立良好的家校沟通，需要注意哪些方面呢？

一、了解影响家校沟通的若干因素

（一）学生成长环境的差异

教育的难点在于教育对象的个性化差异，包括其成长环境的差异。每个学生都来自不同的家庭，家庭生活习惯、家庭成员性格、家庭环境都会对学生产生深远的影响。学生的父母或其他监护人，对教育的关注度、对问题的认知和处理态度都不尽相同。因此，教师在进行沟通时要注意采用不同的方式方法，也要意识到家校沟通效果可能存在的差异。

（二）教师和家长观察角度的差异

对待某个学生的表现，教师更多情况下是站在班级管理者或教育者的角度看问题，而家长首先是从父母的角度看问题，其次才以教育者的身份思考（甚至忽视自己也是教育者的身份）。因此，教师更注重事件本身的对与错，家长可能更关注孩子的利益。因此，在家校沟通中，如果不积极寻求教育过程中"理智与情感"的平衡点，往往会造成家校沟通不畅，甚至出现误解——老师认为家长溺爱，家长则抱怨老师有偏见或者不负责。

（三）学生的评价会影响家校沟通的效果

家长了解学校教育工作实施效果和老师工作状态的主要途径是学生的反馈。学生的评价往往会影响家长对学校和教师的评价。而在一些教育问题上，青春期的学生常带有较浓厚的主观态度，缺乏客观冷静的评价，如果家长只能从孩子那里获得信息，可能就会出现偏听偏信的情况。因此，在德育教育过程中，教师与家长的沟通要及时且顺畅，使家长可以从多方面了解学校教育工作并做出客观评价。

（四）大众心理及社会舆论会对家校沟通造成影响

1. 价值观影响

不同文化、地域的社会群体对家庭和教育有不同的价值观。这些价值观可能会影响人们对家校沟通的态度和期望。例如，在一些社会中，家庭可能更加重视学业成绩；而在其他社会中，情绪和个人发展可能被视为更重要。这些不同的价值观可能会影响人们对家校沟通的期待和态度。

2. 社会压力影响

社会舆论和社会压力也可能对家校沟通产生影响。如果在社会中存在普遍认可的观点，认为家校沟通是必需且重要的，那么人们可能会更积极地参与其中，主动与学校沟通合作。另一方面，如果社会观念认为家庭与学校是独立的个体，相互之间不需要过多沟通，那么家校沟通可能会受到一定程度的忽视或得到负面评价。

3. 媒体影响

媒体对家校沟通的宣传和报道对大众心理和社会舆论也会产生影响。如果媒体广泛报道成功的家校合作案例，强调家校合作的重要性和积极影响，那么公众可能会更加重视家校沟通。相反，如果媒体对教育问题进行批评或负面报道，可能会引起公众对教育系统和家校沟通的质疑和不满。

因此，学校和家庭应该关注和适应这种影响，积极促进有效的家校沟通，以促进学生的全面发展。

二、把握家校沟通的若干重要节点

家长与学校，尤其是家长与班主任建立良好沟通，要经历一个互相了解、彼此磨合的过程，需要把握若干重要的节点。

（一）新班级成立时

由于学生刚刚完成小升初的过渡，进入陌生的学习环境，无论是学生还是家长对于新的集体都缺乏必要的信任感。因此，在班级成立伊始，班主任应该帮助学生和家长做好心理调适，安抚其焦虑情绪，帮助学生熟悉学校环境和学习生活。案例一中，两位家长对于各自班主任产生不同评价的原因就是两位班主任对这一节点的把握不同。如此重要的大型活动，对于初一新生来说，也是第一次离开家过集体生活，班主任有必要尽可能详尽地向家长展示班级风貌、学生风采，也借此契机与家长沟通班级管理理念。这是让家长熟悉班主任工作特点、了解学校德育工作重点的有效途径。获得家长的信任与支持，将为班级各项常规工作的开展奠定良好基础。

（二）紧急情况发生时

学校学习生活中，学生之间闹矛盾、学生受到意外伤害等事件都属于这类紧急情况。此时，作为班主任应该严肃认真对待并积极妥善处理，化解危机，赢得家长信任与理解。对于闹矛盾的学生双方，在了解清楚状况、及时干预、妥善处置之后，应该及时与双方家长沟通，避免误会升级。同时，寻求家长的配合，达成矛盾双方家长的彼此谅解。让学生感受到父母和老师的关心以及积极的处事态度，从而受到教育。

"学生意外伤害事件发生后，学校和老师的关心是必不可少的，这能反映学校、老师在整件事上的用心程度，让家长真正地对学校放心"，若有学生因参加活动等原因意外受伤，班主任老师应该在第一时间陪同学生处置伤处。案例二中的班主任以上课为由，让受伤的学生等待家长带去医院处理伤口，势必造成家长的不满。如遇此类情况无法分身，班主任应寻求其他教师帮助，并且要在课后第一时间联系家长、关心学生。无论如何，将学生的健康和安全置于心头，始终是此类情况发生后良好沟通的前提。

（三）学生犯错误时

有的班主任老师习惯于在学生犯错的第一时间就把情况告知家长，其实这并不是最明智的方式。尤其是日常学习习惯上的错误，往往不是第一次出现，如果每一次都选择告家长，不仅学生会习以为常，家长也会不厌其烦。遇到学生犯错，要先将客观事实了解清楚，尽量在校内完成对学生的教育。如果学生犯了小错，并能及时认错，可以选择不告知家长，给学生一个自我反省的空间。若错误比较严重，班主任也应在完成对学生的教育后，再选择合适时机与家长沟通。沟通过程中，先客观清楚地陈述事实，再将教师的处理过程、学生认识到错误并已经改正的结果告知家长，肯定学生知错就改的态度。如遇到教育中棘手的问题，可以和家长商量解决，并和家长一起想办法帮助学生不再犯类似错误。这样一来，班主任与家长的沟通，是为了寻找教育合力，而非"告状"，家长也更乐于接受。毕竟，孩子在校内的表现，家长也很难及时干预。"冰冻三尺非一日之寒"，"问题"学生的问题也非一日出现，如果每次都将教育难题推给家长，只会让家长产生更多无力感，甚至如案例三一样，选择无视教师的反馈。

在这种节点上，教师要有自己的教育决断，并且能够指导家长如何与孩子进行有效沟通。对于屡次犯错的孩子，共同寻找其心理因素，探讨解决之道。相信家长感受到教师不放弃孩子的诚意，也一定会全力配合。

班级生活中，会有各种情况出现，每种情况都是沟通的契机，班主任必须调动教育智慧，选择合适的方式，及时有效地与家长沟通，寻求教育合力。

三、掌握促进家校沟通的若干小技巧

（一）巧用线上线下的信息平台，充分建立信任

"班主任应相信和尊重家长，并注意发挥网络优势，结合实际采取相应的对策"，通过电话、微信、线上线下家长会、家访等方式，尽快了解学生及家庭情况，也让家长充分了解班主任性格特点、带班风格等。班主任还可以拜托家长委员会通过网络收集家长对于班级建设的合理化建议，建立与家长的良好沟通。

（二）尊重每一个学生，公平公正，建立良好师生关系

通过学生的反馈，家长可以更加迅速了解班主任，这也是获得家长支持与信任的有效途径。

（三）根据家长的不同类型，采取不同的沟通方式

对于高要求型家长，多倾听、采纳其合理建议，共同探讨教育策略，班级建设中可寻求他们的支持和帮助；对于溺爱型家长，要积极肯定孩子的优点、真诚赞扬孩子长处，中肯提出教育建议，能够理解家长并与之共情，获得信任后，适度给予教育建议；对于放任型家长，多交流孩子的进步，敦促家长为孩子做长远规划，邀请其参与班级活动，见证孩子成长；对于放弃型家长，孩子可能从小听到的批评居多，应该努力挖掘学生优点进行公开表扬，帮助学生和家长树立自尊、自信心。

（四）学会倾听、学会共情

幼吾幼以及人之幼——能够站在家长的角度多考虑问题，也能够让家长理解教师对于学生真诚的关心，这是沟通中最重要的一点。只要家长能够相信老师在真心对待孩子，那么，无论遇到什么问题，学校、家庭都会始终站在一起，携手并肩，为孩子的成长保驾护航。尤其在升学考试压力增大的阶段，家长往往比较焦虑，班主任若能够以朋友的身份多聆听并给予一些宽慰与专业指导，会赢得家长的信任。

总之，家校沟通无定法，教育工作者关爱每一个学生、尊重家长、能够在家长需要的时候给予专业指导建议，也乐于接受家长的监督和建议，学校与家庭之间就会搭起一座以爱为基石的桥梁，助力班级建设，助力学生健康发展！

第五章

课程资源分享

心理健康教育主题班会课

探索记忆的规律

侯永勉

一、教学内容

不同学段的学生有不同年龄阶段擅长的记忆类型。在日常学习中，随着知识的量的增多和难度的增大，死记硬背的记忆方法已经难以满足记忆需求，需要学生通过了解记忆规律、健康科学用脑，学习适合自己的记忆方法，激发学生的学习兴趣和信心。

二、教学目标

（一）认知目标

了解并掌握记忆的规律，学习记忆方法。

（二）情感目标

通过本课学习，助力学生体会到运用记忆规律进行学习的乐趣，增强学生克服记忆困难的信心。

（三）行为目标

引导学生尝试用所学的记忆方法解决当前学习中的记忆问题。

三、教学重难点

（一）重点

理解记忆规律。

（二）难点

在学习中灵活运用学到的记忆方法。

四、教法与学法

案例分析法、游戏体验法、个人表述与集体讨论相结合的学习方法。

五、教学手段

多媒体与讨论相结合，穿插游戏、小品与歌曲。

六、教学时长

45分钟。

七、教学过程

（一）暖身活动：看视频，谈感受

（1）观看视频《最强大脑》片段。

提问：看完视频你有什么感受？视频中展现了哪方面的能力？

（2）观看视频《夏洛特烦恼》中大爷记不住马冬梅名字的片段。

提问：我们的记忆现状是否和大爷一样了呢？你觉得自己的记忆力怎么样？

（二）活动一：记忆小测验

你对自己记忆力有信心吗？下面我们来测验一下吧！

教师拿出数字卡片：接下来会呈现一组数字（20个），你需要准确地记住每张卡片上的数字，顺序不可颠倒。你有10秒的时间识记这些数字，一起挑战一下吧！

学生分享结果。

教师小结：经过刚才的小活动，同学们认识到，记忆是人脑对外界输入的信息进行编码、存储和提取的过程。输入大脑的信息，经过我们的编码后，暂时储存在短时记忆当中，需要的时候再提取出来。大脑记忆有什么规律吗？记忆方法有哪些？让我们一起探寻答案吧。

（三）活动二：记忆挑战

（1）挑战一：为学生播放两段视频，每段视频播放后提问学生视频中所讲台词。

视频1：《觉醒年代》中一段李大钊的经典台词："中华民族之振兴，一百年以后的中国，他必会证明我今天的观点，社会主义决不会辜负中国。"

视频2：《憨豆先生》中主人公憨豆的一段几乎听不懂发音的台词。

学生复述两段台词后，教师提问：为什么我们记忆第一组台词的效果比第二组好呢？

师生小结：第一组使用的是理解记忆；第二组使用的是机械记忆。

记忆的第一个规律：理解后的记忆效果更好，理解记忆的效果好过机械记忆。

（2）挑战二：PPT自动播放30个词语，每个词语出现时长为1秒，让学生记住，并在播放完毕后，把记的词默写出来，可以不按照顺序默写。

学生默写词语后进行核对，提问学生：你能正确复述的词分别是哪些？这些词在出现的位置上有没有什么特点呢？

师生小结：记忆的第二个规律：

系列位置效应，是指记忆材料在系列中所处的位置对记忆效果发生的影响，包括首因效应和近因效应。首因效应——系列开头的材料比系列中间的材料记得好；近因效应——系列末尾的材料比系列中间的材料记得好。

引导学生思考：学习中需要记忆的时候，重要的知识点应该放在哪个位置上进行记忆效果更好？（放在最先或最后背诵，同时当有大段背诵内容的时候要分段记忆，中间部分多复习。）

教师小结：其实刚才有的同学运用的方法叫作组块记忆法。什么是组块记忆呢？

组块的概念：什么是组块呢？组块是衡量记忆容量的一种单位，一个字、一句诗、一个数字、一个单词，都可以是一个组块。短时记忆也叫工作记忆，短时记忆的容量为7±2个组块。每个人的短时记忆容量相同，但是每个人的一个组块容量不同，所以记忆力不同。

师生小结：记忆的第三个规律：组块记忆。

（3）挑战三：昨天布置同学们英语课上学习的短文，哪位同学能直接背诵？请熟练背诵的同学说说记忆窍门。

引导学生思考"为什么一直强调白天学习的知识晚上要复习？"根据学生发言，为学生讲解艾宾浩斯遗忘曲线：遗忘进程是不均衡的。遗忘速度先快后慢，在识记的最初时间遗忘很快，后来逐渐变慢，到了一定时间，几乎不再遗忘了。

师生小结：记忆的第四个规律：依据艾宾浩斯遗忘曲线，制定复习计划，当天的知识点当天复习。

（4）挑战四：全班同学分成两组。给1组出示白居易诗歌《忆江南》的文字，请同学们默读文字5分钟后尝试复述。给2组播放《经典咏流传》节目《忆江南》的演唱视频，请同学们看视频后尝试复述诗歌内容，并可以边看边出声背诵，还可以在本子上记录辅助记忆。

5分钟后，两组交换，再进行一轮记忆；10分钟后，两组进行诗歌背诵比赛。

教师出示研究数据：现代科学表明，人从视觉获得的知识，能够记住25%；从听觉获得的知识能够记住15%；若把视觉与听觉结合起来，能够记住65%。

学生讨论：比较哪种方法记得快，为什么记得快？

师生小结：

记忆规律五：多感官记忆效果更好。特别是在语言学习中，听说读写并用，多感官记忆的效果要远远好于单感官记忆。

（四）课堂小结

学生分组讨论分享：本节课你有哪些收获和感受？你将在哪些方面对自己的记忆方法做出调整？

教师总结：记忆有法，但无定法。每个人都具有高效记忆的能力，只要我们遵循记忆的规律，找准适合自己的方法，不断练习，相信我们都能成为记忆高手。

班会反思

本节课切合学生的学习实际，有助于学生认识记忆规律，解决记忆中面临的实际困难，将所学到的记忆方法运用到实际学习生活中，促进学生成长进步。

学会交友，珍惜朋友

林海燕

一、教学内容

学习并掌握与同龄人交往的原则与技巧，培养学生构建和谐良好的人际关系、增强人际协调的能力，收获珍贵的友谊。

二、教学目标

（一）认知目标

使学生认识交友的重要性；了解交友的秘诀。

（二）能力目标

明白朋友的含义与分类、择友的原则，增强交友的能力。

（三）情感态度价值观目标

学会在日常生活中通过辨析、思考，获取交友过程中应该掌握一些基本标准，慎重交友，逐步学会把握自我，形成正确的交友观。

三、教学重难点

（一）重点

明白朋友的含义与分类、择友的原则，增强交友的能力。

（二）难点

懂得交友之道，分辨真假朋友，学会在生活中正确交友，收获珍贵的友谊。

四、教法与学法

讲述法、讨论法、课堂游戏互动。

五、教学手段

多媒体与讨论相结合，穿插游戏、小品与歌曲。

六、教学时长

45分钟。

七、教学过程

【第一板块】歌声传情，创设情境

课前播放MV《朋友》，学生欣赏 MV，感悟友谊给人生带来的温暖、力量和感动。

（1）出示：《结朋交友调查问卷》统计情况。

导入：朋友给予我们情感支持、分享、建议和陪伴，对我们的心理健康和成长发展都有着重要的影响。与朋友建立真诚、互利、支持和尊重的关系，将会对我们的学习及生活产生积极且深远的影响。今天就让我们一起聊聊在生活中如何正确交友，收获珍贵友谊。

（2）出示课题：学会交友，珍惜朋友。

【第二板块】心理大冒险——什么是朋友

引语：朋友，这个字眼同学们都不会陌生。朋友给我们彼此带来了阳光般的温暖。然而，即便是在阳光普照的时候，也难免出现短暂的阴云，友谊，也可能带来无尽的烦恼。

（1）生活中，你的朋友有哪些？对自己的朋友有哪些了解？请如实地写在表格内。

朋友	他（她）值得你学习的地方	他（她）需要改进的地方

续表

朋友	他（她）值得你学习的地方	他（她）需要改进的地方

（2）小组分享：

"金无足赤，人无完人"，你是如何看待朋友身上的"小毛病"？对你们的友谊有什么影响吗？

（3）你真的了解朋友吗？

游戏——默契大考验：两位好朋友分别背对着对方，坐在两端；由老师提问，比如最喜爱的水果；两位朋友就将对方的结果写在纸上；看看对方能写对几个呢，如果分数低的话可是要接受惩罚的哦！

（4）什么是朋友？用简洁的话语写下你对朋友的定义。

出示心理学家分析的六类朋友作参考：

① 泛泛之交；

② 学习、工作上有联系；

③ 功利重于感情；

④ 可信任；

⑤ 能交心；

⑥ 真正的知己。

过渡：你在与朋友交往过程中存在哪些困惑？

【第三板块】友谊的进阶之路——朋友不同，人生不同

（1）请欣赏小品表演，对比学生自编自演的情景剧：《放学路上》《考试》。

思考什么是真正的友谊。

① 情景剧表演。

放学路上。

考试（前半场）。

② 看完情景剧后，请大家分析、思考：交友的过程应该注意些什么？

③ 情景剧表演。

考试（后半场）。

（2）我们应该选择什么样的人做我们的朋友呢？我们首先看古人先辈们是怎么交朋友的？

①故事分享"管鲍之交"。

讨论：管鲍之交让你对友谊有了哪些新的认识？

②分享与交流古人交友的名言警句，比一比看谁知道的多。

分享：你从古人先辈们的交友中得到了什么启示？

明确古人交友之道：以德交友、以诚交友、以道交友、以知交友。

出示：益者三友，损者三友。友直，友谅，友多闻，益矣。友便辟，友善柔，友便佞，损矣。——孔子

（分析孔子关于朋友的名言，明白孔子是以"人品"和"知识"这两个标准衡量朋友的，认清益友与损友的区别。）

小结：古人思想中所暗含的广交益友、互相尊重、诚实守信、严于律己、宽以待人等交友原则仍值得人们借鉴。当今社会是一个开放的社会，人们的交友范围日益扩大，交往方式也日渐增多，如果择友不慎，难免会结交一些损友，所以交友这件事关系重大，一定要严格交友的原则，慎交友、交好友，哪些人该交，哪些人不该交，应该有所选择。

【第四板块】情景分析——如何正确交友

（1）这次的调查问卷中，关于"你最看重朋友的哪一方面？"这个问题，排在前三位的分别是道德品质、性格、成绩。可以看出这三方面是同学们最关心的。那么，在这三项中，你最看重哪一项呢，为什么？（学生讨论发言）

（2）心理导航：

人人都需要友谊，没有人能独自在人生的海洋中航行。有了朋友，我们的生活才不会枯燥无味；有了朋友，我们的人生才不会一片荒芜。朋友的重要性不言而喻。我们知道应该和什么样的人成为朋友了，那交往的过程中又应该把握什么样的度呢？（学生讨论交流）

提供老师归纳的择友原则：

①顾全大局，能受委屈

②见多识广，终身受益

③志趣相投，互相体恤

④互助互补，共同进步

（3）在人际交往过程中，有哪些技巧和方法呢？请把你的做法说出来。

总结同学们的发言：

① 待人真诚坦率；

② 重视信任并认可他人；

③ 学会主动倾听；

④ 设身处地替他人着想；

⑤ 礼貌待人；

⑥ 热情开朗、心胸宽阔。

敏感话题：异性之间有真正的朋友吗？应如何把握界限与分寸？

一家之言，仅供大家参考：在与异性同学交往时，应心地坦诚、自然大方，应把握感情的分寸，要热情而不轻浮，大方而不庸俗，讲究仪表谈吐，讲究文明礼貌。

反馈提升

通过本课的学习，你获得了哪些交友的启示？（写在交友卡片上后，分享交流）

教师寄语：同学们，我们正处于学业的起跑线上，能否交到好的朋友，会影响自己的前途命运。曾国藩说："一生之成败，皆关乎朋友之贤否，不可不慎也。"鉴于此，希望你们必要"亲君子，远小人"，选择结交对自己德行提升有帮助的朋友，正如古人所说："亲附善友，如雾露中行，虽不湿衣，时时有润。"好的朋友，能够在不知不觉中帮助自己提升境界，走向幸福的人生。最后预祝同学们能交得挚友！（在歌曲《永远的朋友》中结束本课）

班会反思

当今社会是一个开放的社会，人们的交友范围日益扩大，交往方式也日渐增多。初中生现在正处于由幼稚向成熟转变的心理发展时期，人际交往的好坏直接影响到学生自身的心理健康和学业的发展，他们的三观虽已初步形成，在人际交往方面也有一定自己的想法，但思维尚不成熟，仍需老师的进一步教育和引导。在此次活动中，同学们各抒己见，在老师的讲解以及同学间相互探讨中学会了如何选择正确的朋友，如何建立积极向上的朋友关系等。也使学生明确了只有健康文明、积极向上的朋友关系才会构建珍贵、永恒的友谊。

战胜挫折，笑迎挑战

于 彦

一、教学内容

当下社会竞争越来越激烈，现代社会很多人在生活和学习中遭遇挫折，小学生也不例外。但是，挫折是人生的一部分，它是必然的；虽然挫折是不愉快的，但它是可以控制的；挫折是一所学校，可以教会人们如何生活。特别是对于学生来说，遇到挫折很容易激发学生的潜能，越不容易找到答案，反而越能激发学生的潜能和求知欲，从而进行研究，掌握知识。很多学生需要在老师的引导下正确认识挫折，理解挫折是生活和学习中不可避免的。老师有必要对学生进行挫折教育，让他们知道什么是挫折。在对他们进行挫折教育时，应教会学生提高应对挫折的能力，这在心理健康教育中尤为重要。

二、教学目标

（一）认知目标

引导学生知道在学习和生活中常常会遇到挫折，人人都不可避免。引导学生在遇到挫折时专注于个人成长和进步，而不是过分关注外界的评判和成功标准。引导学生借助清晰、流畅的语言讲述自己或名人经受挫折的故事，主动倾诉自己面对挫折时的内心感受。

（二）能力目标

培养灵活适应的心态，学会在困境中适应变化和寻找新的解决方案，学会有效寻求朋友、家人或专业人士的支持和鼓励。

（三）情感态度价值观目标

培养学生积极向上的思维方式，专注于解决问题和寻找解决方案。学会转变消极的自我对话，用积极的语言来鼓励自己，相信自己有能力面对挑战，相信自己能够克服困难。

三、教学重难点

（一）重点

通过励志故事知道挫折是可以战胜的，在生活中遇到挫折能树立起信心。

（二）难点

将本节活动中了解到的战胜挫折的方法运用到生活中，从而增强适应社会的能力。

四、教法与学法

（一）教法

游戏体验，问卷调查，个案分析。

（二）学法

角色扮演，集体讨论，个人表述。

五、教学手段

（1）收集一些名人克服困难与挫折的事例或者故事。

（2）多媒体视频，调查问卷。

（3）准备《阳光总在风雨后》《真心英雄》这类励志歌曲。

六、教学时长

40分钟。

七、教学过程

活动一：游戏体验"我是小花朵"

（1）我们常说同学们就是祖国的花朵，今天我们就来扮演一下可爱的小花朵。请一组同学们上台围成圈站好。让我们想象一下，自己就是一颗小种子，现在开始发芽长大。

（2）其他组的同学，我们分别来扮演"阳光""小雨""大风""小虫子"……

（3）伴随音乐和图片视频，"小种子"分别和"阳光""小雨"一起长大，和"大风""小虫子"作斗争。

（4）随机采访学生，说说作为"小种子"，在成长过程中沐浴阳光雨露是什么样的感受？遇到"大风""小虫子"时，又是怎样的感觉？

（5）教师小结：作为祖国的花朵，阳光雨露助力我们成长，那是不是"大风"和"小虫子"对于我们的成长就一点好处都没有呢？

活动二：调查问卷《近期遇到的挫折》

（1）学生完成调查问卷。

（2）小组内交流自己遇到的挫折。

活动三：集体讨论"善待挫折"

（1）我们会用哪些方法来帮助我们自己或者我们的朋友面对挫折呢？

（2）小组进行讨论。

（3）小组汇报交流结果。

（4）教师小结：当我们遇到挫折的时候，可以找朋友或者老师诉说心情并寻求帮助、可以做自己喜欢的事情来转移我们的注意力。

挫折也是成长和学习的机会。它可以帮助我们认识到自己的弱点、发现问题所在，并激励我们寻找新的解决方案、改善自己的能力和表现。同时，挫折也是塑造个人品格和坚韧精神的重要因素。它能够增强我们的毅力、耐心和决心，提高应对不确定性和逆境的能力。挫折的经历可以让我们更加珍惜成功的喜悦，更加懂得自律和自我管理。

重要的是要学会从挫折中汲取教训，不轻言放弃，并继续努力追求目标。心态的积极调整、灵活的思维方式、寻求支持和反馈都是战胜挫折的关键。通过保持乐观、专注和坚持，我们可以从挫折中成长，并取得更大的成功。

活动四：互赠励志格言

（1）播放《阳光总在风雨后》《真心英雄》等音乐。

（2）学生在准备好的书签上书写励志格言，并互相赠送。

（3）教师小结：在正常的现实生活中，总有一种潜力是不能被激活的，而这种潜力只有在特殊情况下才能被激活。伟人巴尔扎克曾说："挫折对于天才是一块垫脚石，对于能干的人是一笔财富，对于弱者是一个万丈深渊！"我们一定要做生活中的强者，战胜自己遇到的每一个挫折，享受风雨后的阳光灿烂，做自己的"真心英雄"。

班会反思

本课中通过多种方式鼓励学生直面挫折，借助切身的体验和名人故事，引导学生更好地理解"挫折是人生中不可避免的"，努力引导学生乐观面对挫折，寻找最合适的方法去应对挫折，甚至能够从挫折中汲取力量，磨炼意志。课堂上有些同学面对挫折还是有些悲观，这可能和个人性格或者家庭教育环境有关，但是通过学习特别是小组内交流后，大多数孩子的精神面貌得到改善。

悦纳自己，快乐成长

熊小莹

一、教学内容

面对着学习生活中遇到的种种挫折和困惑，孩子们往往束手无策，会产生对自我的怀疑，甚至产生"自卑"的心理。本堂课中，班主任通过带领孩子们亲身参与一系列的活动，形成情感与心理共鸣，增强自信，悦纳自己，从而乐观地学习、快乐成长。

二、教学目标

（一）认知目标

通过各种体验活动，让孩子发现自己是独一无二的存在，从而正确地评价自我、接纳自我。

（二）能力目标

在活动中发现自我的独特之处，帮助学生逐步建立起自信，培养"敢于参与，勇于拼搏"等积极健康的心态。

（三）情感态度价值观目标

通过活动体验，帮助学生领会自信是对自我的充分肯定，培养和增强学生的自信心。

三、教学重难点

本节课的教学重难点是通过一系列的体验活动，引导学生在参与中学会正确评价和接纳自我，增强自信，培养"敢于参与，勇于拼搏"等积极健康的心态，乐观地对待生活。

四、教法与学法

针对本节课的重难点，以及小学中年级学生感性思维能力强、理性思维能力差的心理特征，采取了创设情境和亲身体验的教学方法。在活动中，创设了相互链接的系列板块，帮助学生融入情境，通过自主探究，学会正确评价和接纳自我，增强自信。

五、教学手段

主要运用了自主探究法、情感体验法、小组合作法、总结反思法、分析归纳法等教学手段。

六、教学时长

40分钟

七、教学过程

第一环节：游戏导入，揭示主题

老师：亲爱的同学们，在每个小组的桌子上都有一堆树叶，请你们想办法找到两片完全相同的树叶，比一比哪一组找得最快。

组织小组活动。

老师：世界上找不到两片完全相同的叶子，也找不到两个完全相同的人，每个人都是独特的、唯一的、宝贵的。要正确认识自己，相信自己，才能做最好的自己，拥有自信才能成功。

板书课题：悦纳自己，快乐成长

第二环节：直面内心

视频故事：小新的世界

给学生创设了一个真实的事件情境，符合学生的生活体验，会让学生产生无意注意心理，不自觉地把自己与小新进行对照，起到积极的心理调节作用。

讨论：你对小新的选择有什么看法？你会怎么做？

然后通过学生自己的讨论交流，自然得出结论，使学生对"自卑"有了一致的认识，为下面深入了解自卑做好铺垫。

第三环节：明确自卑的危害，告别自卑

（1）视频播放："心理博士谈自卑"。

把"什么是自卑"通过动画的形式告诉大家，激发学生的兴趣和参与热情。

（2）老师讲"拴细链子的大象"的故事。

谈话：同学们，为什么大象明明已经长大可以挣脱铁链，但依然被铁链拴住？

学生讨论汇报。

让学生明白自卑的危害，紧接着老师话锋一转，问同学们生活当中是否有因自卑而失败的经历，唤起学生共鸣。

（3）体验活动：告别自卑。

活动建议：让同学们把令自己自卑的事情写下来，放进"自卑回收站"。

这一环节的设置，意在从心理上暗示学生，他们已经和"自卑的我"彻底告别了。

第四环节：与自信交友

（1）故事共鸣。

请学生展示课前搜集的有关名人自信的故事，例如《自信是成功的秘诀》《不！一定是乐谱错了》。

故事本身很有说服力，再加上教师的适时点拨，让学生从名人身上受到启发，感受到自信的力量和自强不息的品质。

（2）体验活动："夸夸我自己"和"夸夸我同桌"。

以小组为单位开展活动，并以采访的形式，请被夸奖的同学谈谈感受。

这个环节在帮助学生增强自信的同时，还融洽了同学关系，使学生学会了欣赏他人。

第五环节：妙手回春

小组讨论：我们该如何帮助小新，摆脱自卑情绪。

汇报时教师及时给予正面反馈。

第六环节：自信展示

活动：拥抱自己

教师放音乐，通过语言引导，帮助学生掌握正向的评价方式，从而更加自信。

最后在合唱《相信自己》的过程中升华情感。

班会反思

本课采取了团体心理辅导的教学模式，主要采取了观看视频、游戏、讨论与分享、小组合作、带动唱等教学方法。整节课，首先以一个"找树叶"的游戏作为热身活动，进而引入主题；其次，情境讨论和故事分享，让同学们体会自卑的危害；然后，通过自卑回收站和夸自己，学生逐步体验前所未有的成功感，从而不断增强他们的自信心。最后，思考问题"这节课之后你将怎样帮助小新"，使同学们的情感得到升华，也由课堂走向生活，让同学们把从这节课体验到的成功带到生活当中，把这节课的收获运用到生活当中，从而不断地增强他们的自信心，让他们以一种自信的态度面对未来生活、学习上的困难与挫折，真正做到悦纳自己，快乐成长。

家庭教育指导课

携手青春，赋能成长

郭德利

教学主题

青春期孩子的家庭教育

教学目标

（1）借助身边的事例及科学结论，引导家长了解青春期孩子行为发生变化的原因。

（2）帮助家长正确看待青春期孩子的成长，接纳孩子自我意识和性意识的觉醒，尊重并支持孩子自我价值的探究，明确改善青春期亲子关系要从认知自我和了解孩子开始。

（3）引导家长学会觉察并调整自己以往的家庭教育行为模式，结合分享演练，引导家长们运用"换位、理解、沟通、尊重、接纳、保护"等策略，加强对青春期孩子的教育引导和保护，营造更和谐的家庭氛围和亲子关系，更好地参与并帮助孩子成长。从而提高家庭教育质量并养成更加积极有效的家庭教育观。

教学重难点

（一）重点

帮助家长觉察并调整自己以往的家庭教育行为模式，接纳孩子自我意识和性意识的觉醒，尊重并支持孩子自我价值的探究。引导家长们正确运用"换位、理解、沟通、尊重、接纳、保护"等策略，并在孩子需要时给予及时的指导与保护。

（二）难点

从教授知识、技能和实践训练两个方面入手，教会家长觉察、反思自己以往的家庭教育行为模式，激发家长改变自我的动机和潜在能力，从而促进家长的自我成长，提升家庭教育质量与效果。

教学时长

45分钟。

教学材料

多媒体课件及视频、A4纸、笔等。

教学方法

案例教学、比较教学、活动体验、小组讨论。

教学过程

一、导入

家长朋友们，欢迎来到家庭教育课堂，感谢大家的支持，谢谢。今天我想跟大家分享一个关于青春期的话题。（板书：《携手青春，赋能成长》）

二、引发思考，寻找原因，走出困惑

（一）引发思考

（1）播放视频（电视剧《小别离》等片段）

（2）引发家长思考

（3）家长自由发言

（二）数据呈现

有关调查数据显示，97%的父母和青春期的孩子发生过争吵，"叛逆"几乎成了青春期的代名词。

问题	孩子的观点	家长的观点
孩子进入青春期以后人格、性格方面的表现是什么呢？	"得更加外向、积极、乐观"	"我的孩子变得更加消极、内敛和悲观"

（三）引导家长寻找原因，走出困惑

（1）现场家长讨论。

（2）观看视频——《解码青春期》（樊登）。

教师小结：青春期的孩子自我意识、性意识觉醒，情绪丰富，活力充沛，但生理、心理、认知方面还不够成熟。对于广大家长来说，为了避免冲突必须重视自身的情绪管理。

三、共研策略，共研方法

（一）回想

现在请大家回忆一下自己跟孩子的一次冲突，想想是什么原因引起的，当时你的心情是怎样的？你是如何应对的？结果如何？

原因	情绪感受	应对方式	孩子的反应

（二）组内交流

现在请大家把自己的经历分享给小组的同伴。并在我现在发的纸上写出亲子冲突发生时，大家共性的一些情绪感受、应对方式和孩子的反应。（现场家长活动）

情绪感受	应对方式

（三）课堂展示

哪个小组准备好了，愿意把本组整理出来的内容给大家展示一下？（现场家长展示）

教师小结：当我们被负面的情绪所掌控，当我们用（家长举出的）消极负面的应对方式去应对，孩子的情绪反应也是负面的。问题没有解决，而且更容易引发冲突。

（四）小组共研

现在我们找到了亲子冲突的原因，那么以后再遇到类似的事情，应该如何更好地解决呢？

（1）观看视频《爸爸妈妈，我想对您说》，了解孩子的真实想法。

（2）观看视频《如何面对和引导青春期的孩子》，专家支招。

（3）小组共研。

每个小组选出本组的一个冲突事件作为情景。大家群策群力，使用不同的应对方式，分角色表演一下，看看结果会有什么不同。

（五）展示交流，共研策略

教师小结：大家注意到没有，当我们采用积极的情绪、积极的行为时，当我们与孩子携手的时候，无论是我们自己还是孩子的身心都会发生积极的变化。

四、课堂小结

本节课临近尾声，经过我们这节课的旅程，您有哪些收获呢?（家长谈感受）

教师小结：青春期是孩子成长必经的过程。我们不要把"它"看成一个难题，而要把"它"看作一个机会。我们应该反复提醒自己："我不要和问题站到一起去打败孩子，我要和孩子站到一起去打败问题。"

感谢家长们的积极参与，希望在今后的家庭教育中，家长面对即将或已经步入青春期的孩子时，一定要积极了解他们的身心变化，正确对待孩子出现的各种问题，在孩子需要的时候及时有效地给予指导和帮助。与孩子站到一起，亲子携手，用积极的情绪、积极的策略、积极的行为，为孩子的成长赋能，不仅使我们的生命更具有光彩，而且会使孩子的成长更具有活力。我们相信每一个孩子都会成就更好的自己，成长为国家的栋梁之才。这也正是我们这节课的主题"携手青春，赋能成长"。（课件呈现）

五、布置作业（课件）

课下，请大家给孩子写一封家书，谈谈过去孩子的成长带给你的幸福与快乐，说说父母心中的期盼，谈谈父母一直说又没说透的苦恼与困惑，跟孩子交交心，唤起心中的情，携手共成长。

板书设计

携手青春
赋能成长

独断	对立	命令
物质	陪着	输赢

尊重	沟通	榜样
精神	陪伴	成长

赋能青春，携手成长

侯永勉

教学主题

青春期亲子关系。

教学目标

（1）通过交流互动，引导家长认识青春期孩子的年龄、情绪特点，重视亲子关系对青春期生命教育的影响。

（2）通过交流互动，引导家长掌握解决青春期亲子教育问题的方法，做赋能型家长，为孩子成长赋能，实现亲子共成长。

教学重难点

（一）教学重点

引导家长认识青春期孩子的年龄、情绪特点，重视亲子关系对青春期生命教育的影响。

（二）教学难点

引导家长做赋能型家长，为孩子成长赋能，实现亲子共成长。

教学时长

45分钟。

教学材料

多媒体课件及视频、A4纸、笔等。

教学方法

案例教学、比较教学、活动体验、小组讨论。

教学过程

一、导入

各位家长，大家好。孩子进入青春期后表现出很多不同于以往的特点，今天我们就一起走进青春期的孩子，了解与他们相处的方法。

二、引发思考，寻找原因

（一）播放视频《孩子的一路成长》

教师：视频中孩子们的成长道路千姿百态，可爱，调皮，暖心又搞怪，每个孩子都是父母不期而遇的温暖。孩子的到来让每个家庭的生活变得缤纷多彩，看着这一个个的小生命慢慢长大成人，相信每个家庭都有自己说不完的欢笑与泪水。成长，是每个孩子的权利，也是他们必经的征程，或平坦或崎岖，有满怀希望的时候，也有茫然失措的时候。

提问：各位家长，请大家来说一说，对我们来说，最宝贵的是什么？

家长回答完毕后，教师：生命的确宝贵，但我这里有一组数据，请家长们看一下这组数据，您的感受是什么？哪位家长可以跟大家分享一下？

（二）教师出示数据资料，家长们交流感受，畅所欲言

北京大学第一医院儿童健康发展中心发布数据显示：中国每年有约10万青少年死于自杀。每分钟就有2个人死于自杀，还有8个自杀未遂。在自杀者的年龄排列中，12岁占第一位（40.3%），其次为14岁（22.7%）、11岁和13岁（13.6%）。

在十二三岁的年纪，这些青春期的孩子们正是花一样的年龄，家长们觉得为什么有这么多孩子会做出这样惨痛的选择？

家长小组讨论后发言。

三、同心同行，携手成长

（一）请家长们回想一下，在自己家里有没有亲子冲突的例子，给大家讲讲

家长自由发言。

（二）教师针对家长的回答，讲解青春期亲子冲突原因

1. 青春期孩子的年龄、情绪特点

青春期到底是哪一段时期？青春期的起点和终点分别是什么时候？要解决青春期的亲子冲突，我们首先要对青春期的起止时间有清晰的认识。

这一阶段的孩子基本是12~15岁，这个年龄段的孩子有着"青春期的古怪大脑"。宾夕法尼亚大学的神经学教授珍森教授（Frances E. Jensen）有一本著作——《青春期大脑》（*The Teenage Brain*），这本书是好几所常春藤名校心理学课程的必读书目。看过它之后，我们就能明白——为什么青春期孩子的行为如此奇怪，以及应该如何和他们相处了，建议家长们课后可以找来读一读。

2. 青春期大脑的发育特点

青春期的孩子尽管拥有接近成年人的体型，他们大脑的成熟度却只有成年人的80%。并且，"未完工"的那20%，基本全集中在控制情绪和判断力的"额叶"部分——这就很好地说明了，为什么青春期孩子的情绪会摇摆不定，易被激怒以及感情冲动了……不仅如此，青春期孩子集中注意力的能力、持续执行计划的能力、抗拒诱惑的能力等，也都远远比不上我们成年人。除了结构不成熟，青春期大脑对荷尔蒙的反应，也和成年大脑很不一样。

（三）家长讨论

在我们已经知道青春期孩子的年龄特点以后，我们该如何为孩子赋能？

（四）教师向家长讲解为青春期孩子赋能的 3 种方式

1. 转变角色，做倾听者不做批判者

"多倾听，少评价"，家长们也可以亲自试试，这种做法在家庭教育中会不会更有用。

青春期的孩子，大道理其实都懂。只不过冲动情绪之下，他们本来就不完善的大脑，会更容易丧失最后一点理智。所以作为家长，在孩子的青春期里，我们最重要的工作就是成为他们的避风港和安全伞，帮助他们平稳、安全、情绪稳定地度过这个特殊时期。

2. 转变观念，"讲后果"比"讲共情"更有用

研究发现：青少年的"共情能力"只比儿童略高一点；但他们对"规则"和"后果"的理解是接近成人水平的。也就是说，你和青少年谈"共情"，远不如对他们"讲后果"来得有效。

案例

一个家长有两个儿子，两个孩子饿了累了就经常想打架。曾经家长是这样教导老大的："换位思考一下，如果你是妈妈，看见自己的孩子老打架，你会不会感到很难过？"尽管相信两个男孩都爱妈妈，但事实证明，"让你的妈妈感觉舒服一点"的教育法并没什么用。研究过脑科学之后，这位家长就这样告诉哥

俩："你俩要是总打架，总有一天会失控失手的。然后，一个进医院，一个进监狱。不如你们现在就商量一下，自己以后想去哪儿？"两个孩子听了面面相觑，之后，就是长达半年多的和平。

教师：在家庭教育中，要给孩子留白，家长说教太多孩子反而理解不透，把后果跟孩子交流清楚，给孩子留下自我思考和决定的时间，给孩子试错的机会。

3. 转变关系，最好的帮助是"协助"

青春期的孩子与父母对亲子关系的期望是相反的，孩子在逃离父母，父母反而是需要孩子的那一方，需要对孩子的掌控感。然而，父母要明白的是：从青春期开始，孩子就在逐渐成人，他会慢慢地有越来越多父母无法介入和不了解的个人生活，并且在不久的将来可能会离家很少回来，比如上了高中孩子就要住校，孩子总是要离开你的。

其实父母在此时需要做的是协助孩子的成长。这一时期的孩子是期待成长但能力不足的，没有试错和跌倒，孩子无法将外部经验内化；没有家人的包容与支持，孩子无法获得面对未知的勇气。

（五）请家长朋友根据自己孩子特点总结下本节课中的收获和思考

当父母是一种修行，孩子不同的时期，应该有家长不同的陪伴。孩子处于婴儿期，我们要给予充分的情感满足；儿童期，我们要给予充分的精神支持和引导；但是到青少年期，我们和孩子一样面临的是不可知的未来，不是"解决孩子的问题"而是"为孩子成长赋能"，我们要让青春期的孩子拥有"独立飞行"的能力，做好准备跟他们分离，并祝愿他们越飞越高。

四、课堂小结

从孩子出生起，有的父母便开始根据自己的想法规划孩子的人生。也有些父母说我只是不希望孩子走弯路，希望用自己的经验帮他跳过所有的困难，给他最好的。其实家长们有没有想过，错误本身就是成长。校园里的错误，很大程度上都有弥补的机会。在父母和学校能够提供帮助改正错误的时候，不让孩子犯错，那么他们无法建立内心清楚的规则意识和抗挫能力，在未来可能会犯更大的错误而无法弥补。

五、作业拓展

推荐阅读书籍《青春期大脑》。

成长是这个世界上最温柔也是最有挑战性的事情。当子女有像鸟儿一样飞往自己的山的意识时，作为家长，需要认同懂尊重、知分寸、善鼓励才是高级的家庭教育的观念。因为家长是弓，孩子是从家长手里射出的箭。在亲子共成长中，我们希望孩子们能做一路飞翔的箭，那我们家长就要学会做无比稳定的弓，为生命赋能，亲子共成长。也希望在我们家校合力之下，帮助每一个青春期的孩子共同奔赴美好的未来。

慧沟通　共成长

戚金鹏

教学主题

学会沟通，善于交流。

教学目标

（1）引导家长科学认知孩子青春期的表现，了解孩子的心理成长特点，明确积极的亲子沟通在家庭教育中发挥的重要作用。

（2）引导家长学会非暴力沟通的技巧，建立有效沟通的体系，构建和谐的新型亲子关系。

（3）激发家长科学家教的信念，增强其科学育人的信心，建立和谐有爱的家庭氛围。

教学重难点

（一）教学重点

（1）建立良好的沟通基础：学习如何表达和理解他人的观点和情感。了解不同的沟通风格和技巧，以建立互相尊重和理解的沟通关系。

（2）积极解决冲突：学习处理冲突和不同意见的技巧和策略。掌握冲突解决的基本原则，如倾听、理解对方观点、寻求共同利益等，以合作和协商的方式解决问题，而不是采取攻击或回避的方式。

（二）教学难点

认识和改变自我沟通方式：改变个人的沟通方式可能是一个挑战。一些家长可能已经习惯了一种特定的沟通风格，需要付出努力去理解和接受新的沟通方法。这需要家长进行自我反省，意识到自己可能存在的沟通问题，并积极地寻找改进的方法。

教学时长

45分钟。

教学材料

多媒体课件及视频等。

教学方法

案例教学、比较教学、活动体验、小组讨论。

教学过程

一、视频导入

各位家长朋友，大家好，欢迎大家来到家庭教育课堂。

今天我们探讨的主题是"慧沟通 共成长"。我们先来看一个视频。（播放1分钟短片）

视频看完了，您对视频中家长的行为感到陌生吗？不少家长在摇头，看来指责、否定、作比较、贴标签这样的做法普遍存在。

最近您的家中是否发生过令您记忆深刻的亲子冲突？请在自己小组说一说？哪一组愿意上来分享？（家长分享1）

（追问：您是怎么说的？孩子是怎么回应的？您觉得现在和孩子沟通不顺畅的原因是什么？这样做的结果是什么？那您现在回忆起这个过程，您的感受怎么样？孩子的感受如何？）

非常感谢您的分享，您说出了很多家长都曾有过的经历。

可是有的家长说过去也是这样和孩子沟通的，上小学的时候孩子挺听话的，为什么现在孩子这么敏感，不好沟通了呢？我想因为孩子成长了，已经进入了青春期，而青春期的孩子有着特殊的心理特征。我们来看大屏幕。（PPT展示）

（1）自我意识和独立性急剧增强，规则感降低，自控力不强，易逆反。

（2）亲情依赖的减弱，友情影响的提升，异性交往意识的萌发。

（3）情绪两极化明显，特别敏感，容易激动。

随着孩子进入青春期，发生了这么多变化，我相信各位家长在和孩子沟通上也有不同的尝试，也会有些好的方法。哪位家长能分享些好的沟通方式来帮助我们这位家长缓和亲子关系？（家长分享2）

二、传授策略

非常感谢您的分享，您是一位睿智的家长。刚才家长们分享的一些好的方法和我今天要给大家推荐的沟通方式有异曲同工之处。今天我们一起来学习一种有效沟通的方式——非暴力沟通。（PPT展示）这种方式要求用爱的语言，去突破那些引发愤怒、焦虑等负面情绪的思维方式，用不带伤害的方式化解人们的冲突。

非暴力沟通包含四个要素，首先是"观察"，（板书：观察）这要求我们能够不带评论地观察，清楚地说出特定的时间和情境。因为事实是最不容易引起对方反弹的东西。当我们的观察中夹杂着评论的话时，别人往往会认为我们在批评他，并因此产生抗拒心理。举个例子，当我们看到孩子把衣服、袜子在家里随便乱放，我们可能会说"你总是到处乱扔东西"，这样可能引发冲突。但如果说"这个周，我看到你3次把袜子扔在沙发上"，这是阐述事实。大家感受一下不同。

可是，沟通中仅靠观察还不够，我们还需要表达我们的情绪和感受，这就需要第二个要素：表达感受。（板书：感受）这要求家长就具体的事实准确地表达感受，也要体会孩子的感受，这样可以更好地与孩子建立联结，实现共情。使用具体而不模糊的情绪词汇，（PPT展示"感受词汇表"）有助于我们表达感受。就像"好""坏"这种词语很难让孩子明白我们真实的感受。譬如，"作为一名学生，我学习不够努力。"这是感受还是想法？如何表达感受呢？"想到我学习努力的程度，我感觉很失望。"

在亲子冲突中，我们或者孩子的言行举止经常会刺激我们彼此的感受，比如愤怒、郁闷等。这种感受的根源是什么呢？因为我们的需要没有得到满足。（板书：需要）这是非暴力沟通的第三个要素——"体会并说出需要"。需要得不到满足的时候，我们习惯于认为是别人的错，从而指责别人。但是我们越能够直接说出自己的感受与需要，就越有可能得到对方做出的善意回应。譬如，"你把袜子扔在沙发上，这让我很生气"，这是说出需要吗？那还可以怎么说？

"你把袜子扔在沙发上，我感到很生气，因为我需要有人支持我保持家里整洁、舒适、温馨。"

我们在表达了观察、感受和需要之后，我们还要提出一个明确具体的请求来满足我们的需要，这就是第四个要素——"提出请求"。（板书：请求）以什么方式提出请求，才能让孩子愿意对我们做出回应呢？我们要尽力避免模糊、抽象的表达，使用正向具体的语言，说明我们需要什么。但一定要注意我们是请求而不是要求，因为孩子听到要求时要么屈服要么反抗，很难给我们友善的回应。

各位家长，刚才我们一起了解了非暴力沟通的四个要素：观察、感受、需要、请求。您对哪个要素印象最深、最有感触，请和大家一起分享。（家长分享3）

三、互动练习

非常感谢您的分享，您非常善于思考。非暴力沟通的精髓在于我们对这四个要素有所觉察，但因为我们初次接触，容易遗忘，所以我将这四个要素概括成一个便于操作的公式：

当你表达自己的时候，我看到（听到、观察）……我感到……因为我（需要、看重）……我请求（你愿意……吗？）

当需要倾听孩子的时候，你看到（听到、观察）……你感到……因为你（需要、看重）……你愿意……吗？

这种沟通方式好不好用呢？我们来练习一下。谁能用今天学的非暴力沟通的方法来和这位家长重新演绎一开始那个场景的亲子沟通的过程？（家长分享4）

非常感谢您的参与和分享，你的沟通方式非常好。看来大家方法已经学会了，接下来每个小组选择一个大家一开始分享过的故事，用非暴力沟通的方式进行沟通，每人在小组内练习、展示。（小组讨论）

讨论结束，各位家长，你们对比一下家长分享的故事中的沟通和现在练习的沟通，你们觉得有什么不同？（家长分享5）

感谢您的分享，您有一双善于发现的眼睛。

今天，我们了解了青春期孩子的心理特征，学习了非暴力沟通的方法。其实，不论用什么样的沟通方式，都要符合孩子年龄段的心理特点，从孩子的需要出发，这样才能收到事半功倍的效果。当我们对孩子充满了抱怨、指责的时候，不妨全身心地倾听孩子们内心的渴望。（播放视频：孩子期望中你）了解孩子内心的声音，我们赶紧行动起来吧。

时间过得真快，这节课已经接近尾声了。各位家长，学习了今天这节课，你们有什么收获？（家长分享6）

最后，送给大家一句话，与君共勉：家长好好学习，孩子天天进步。

布置作业：今天的作业就是尝试记录一次用"非暴力沟通"的方式与孩子沟通的案例，之后我们将把案例与大家分享。

板书设计

《慧沟通 共成长》

	当你表达自己的时候	当需要倾听孩子的时候
观察	我看到（听到、观察）……	你看到（听到、观察）……
感受	我感到……	你感到……
需要	因为我（需要、看重）……	因为你（需要、看重）……
请求	我请求（你愿意……吗？）	你愿意……吗？

教学反思

本节课我尝试运用认知引导法、行为训练法、实践情景演练法、动力性团体辅导等心理学技巧和教学法，将"非暴力沟通"的理论、策略与技巧进行了深入浅出的讲解，进而从积极、正面的角度把心理学、教育学的理论与实践融入到家庭教育中。总体上来看，达到了理想的教育效果，但是有些具体细节需要进一步完善。

在教学过程中，我为家长们讲授了"非暴力沟通"的技巧，家长进行了互助练习、小组讨论分享、情境实践，希望家长们能够从不懂到知晓，最后能应用到身边真实发生的案例中。但在实际操作中，家长更多的是按照公式进行"生搬硬套"，在课堂中难以真正做到灵活运用，归根结底，还是因为家长对"非暴力沟通"的四个要素并不能深入透彻地理解，所以在练习环节比较生疏。以后在教学中可以研究让非暴力沟通的四个要素真正落地的策略与方法。

本课根据家庭实际生活，引导家长回顾生活中亲子冲突的时刻，家长参与的积极性不太高，这和家长之间并不太熟悉有很大关系。如果能够设计比较恰当的破冰活动，效果应该会更好一些。

解码学习"心"动力，携手赋能共成长

郭德利

郭德利

教学背景

我在平日和孩子相处的过程中发现，相当数量的孩子在面对学习上的困难和挑战时，缺乏奋斗的热情和动力。究其原因，孩子的监护人在家庭教育过程中使用固定型思维是重要的原因。这些家长往往重孩子天性而轻后天教养、重说教而轻以身示范，他们过度关注孩子的成绩结果，常常会因为结果不理想，而忽视孩子学习过程中的收获和进步，否定孩子的一切努力。他们相信孩子的聪明是天生的，而忽视学习是一个积累的过程，忽视孩子的能力可以通过学习得到提升。

实践证明，固定型思维影响了家长的家庭教育方式，影响了家庭氛围和亲子关系，并深刻影响到孩子的思维方式和学习行为，使他们在自我否定、自我攻击下失去学习的热情和动力。

教学内容

（1）借助活动和案例，帮助家长觉察思维对行为的影响。引导家长了解固定性思维是造成孩子面对困难和挑战时失去学习热情和动力的根本性原因。

（2）借助活动、案例和科学结论，解码学习的"心"动力——成长型思维。引导家长了解成长型思维的特点、影响和作用，并坚定家长在家庭教育活动中运用成长型思维的信心，坚定家长可以通过父母的肯定、激励、沟通、陪伴等途径和方法，帮助孩子养成"成长型思维"，帮助孩子从自身挖掘持久的学习动力的信心。

教学目标

（一）认知目标

了解思维和行为之间的关系，了解固定型思维和成长型思维各自的特点以及对于孩子的学习动力产生的影响和原因。

（二）能力目标

通过活动体验、案例分析、小组合作探究、角色体验与分享等途径和方法，家长能够觉察并调整自己以往的思维模式和家庭教育行为，能够主动运用"成长、提升、过程"为核心的成长型思维指导自身的家庭教育行为，以身示范，加强对孩子的教育引导和保护，营造更和谐的家庭氛围和亲子关系，培养孩子的成长型思维，更好地帮助孩子获取持久的学习动力和成长力量，从而提高家庭教育质量并养成更加积极有效的家庭教育观。

（三）情感态度价值观目标

通过分享、角色体验等活动，自我觉察在培养孩子成长型思维方面的问题，理解和接纳孩子，亲子携手，积极主动运用成长型思维模式落实激励、沟通、陪伴等家庭教育方式方法，建立和谐的家庭氛围和良好的亲子关系。

与孩子站到一起，同心同行，携手赋能共成长，不仅会使我们的生命更具有光彩，而且会使孩子的生命更具有活力，成长更具有力量。

我们始终相信，每一个孩子都会成就更好的自己，成长为国家的栋梁。

教学重难点

（一）教学重点

帮助家长觉察并调整自己以往的家庭教育行为模式。解码学习"心"动力，引导家长了解成长型思维的特点、影响和作用，并坚定家长运用成长型思维到家庭教育活动中的信心，坚定家长可以通过父母的肯定、激励、沟通、陪伴等途径和方法，帮助孩子养成"成长型思维"，帮助孩子激发持久的学习动力的信心。

（1）注重自身的成长和进步，而不是向他人证明自己的聪明和才能，以获得他人的认可；

（2）坚信能力可以通过学习获得提升。自己可以通过使用正确的学习方法和不断地努力取得进步；

（3）关注过程中的收获与进步。勇于接受挑战，积极应对失败和挫折，并从中学习。

（二）教学难点

借助活动、案例、科学结论和角色体验，引导家长觉察反思自己以往的家庭教育行为模式，更新思维理念，激发家长改变自我的动机和潜在能力，从而促进家长的自我成长，提升家庭教育质量与效果。

教学时长

45分钟。

教学材料

多媒体课件及视频、A4纸、笔等。

教学方法

活动体验、案例分析、小组合作探究、角色体验与分享。

教学过程

一、导入

家长朋友们，欢迎来到今天的家庭教育课堂。在生活中，我们会遇到各种各样的困难。有的人会因为困难而逐渐丧失热情和动力，有的人则会把困难视作挑战，把挑战视作机遇，为什么会有这样的差别呢？

游戏活动：你抓我逃

随着游戏难度的增加，有的家长选择了放弃，原因是"太难了""我不行"；有的家长选择继续，原因是"我想试试"。可见，思维模式影响行为，思维模式同样影响孩子的学习动力，引出本节课主题：解码学习"心"动力，携手赋能共成长。（出示课题）

设计目的：通过提问"面对挑战，您会怎么做"，引发家长思考并进而引导家长认识到行为受到不同思维模式的影响，激发孩子学习新动力的关键是转变思维模式。

二、引发思考，寻找原因，走出困惑

（一）引发思考

1. 提出问题

（1）您觉得您的孩子聪明吗？

（2）您是怎么觉察到的？

（3）孩子会因为学习而更聪明吗？

2. 引发家长思考

给家长时间思考以上问题。

3. 家长自由发言

引导家长发言并自由讨论。

（二）案例呈现

1. 展示案例——谁偷走了我的"学习热情"

教师借助多媒体展示学生案例。

2. 提出问题

（1）到底是"谁"偷走了我的学习热情？

（2）我的哪些想法让我倍感挫败和无力？

（3）学习成绩下降，不是应该更努力吗？为什么我选择了"躺平"？

3.引导家长寻找原因

教师小结：在孩子应对学习上的困难和挑战的过程中，过度关注"我想被认可；聪明天生，我做不到；结果不好，努力白费"。这种思维是偷走孩子学习热情的根本原因。

（三）共研策略，共研方法

面对失去学习热情和动力的孩子，怎么帮助他（她）们激发学习动力呢？显而易见，我们需要从改变思维方式入手。

1.成长型思维

（1）提出问题。

是因为聪明而学习？还是因为学习而聪明？

（2）播放视频"神经可塑性"。

（3）出示图片，引发思考。

看到能帮助自己改进的反馈，不同思维方式的人，大脑的扫描图呈现明显的差异。一个基本没有反应，一个则很活跃，是什么样的思维方式造成这种差异的呢？

（4）播放视频"固定型思维和成长型思维"。

（5）群策群力，对比归纳。

	固定型思维	成长型思维
表现	□ 我想被认可 □ 我做不到 □ 结果不好，努力白费	□ 我想成长 □ 我可以通过学习慢慢提升 □ 过程中一定有收获
影响	自我否定	□ 自我肯定、自我激励
结果	失去热情和动力	□ 获得信心、持续不断的学习动力

2.集思广益——改变思维，解码学习"心"动力

获得持续学习动力的思维

以成长为目标

坚信能力可以通过学习获得提升

关注过程中的收获与进步

3. 群策群力——如何引导和帮助孩子养成"成长型思维"

（1）角色体验，小组共研。

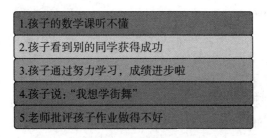

1. 孩子的数学课听不懂
2. 孩子看到别的同学获得成功
3. 孩子通过努力学习，成绩进步啦
4. 孩子说："我想学街舞"
5. 老师批评孩子作业做得不好

每个小组选出一到两个场景或者自己家庭中的事件作为情景。大家群策群力，运用成长型思维方式，看看不同的思维方式会有什么不同的行为和影响。

（2）课堂交流，共研策略。

引导和帮助孩子养成"成长型思维"

□ 积极表达
□ 鼓励"尝试"
□ 肯定努力的过程
□ 赞美孩子的正确行为

教师小结：引导和帮助孩子养成"成长型思维"，重在家长的家庭教育活动和以身示范，而不在说教。家长运用积极的表达，鼓励孩子的各种有益"尝试"，肯定孩子努力的过程，赞美孩子的态度、专注、坚持、策略等正确的行为，就会潜移默化地引导孩子在学习等活动中养成积极的成长型思维模式，并逐步自觉运用这种思维模式指导自身的行为。

设计目的：借助活动、案例、科学结论、角色体验、小组共研、课堂交流等方式方法，群策群力、集思广益，解码学习的"心"动力——成长型思维。引导家长了解成长型思维的特点、影响和作用，并坚定家长在家庭教育活动中运用成长型思维的信心，坚定他们可以通过父母的肯定、激励、沟通、陪伴等途径和方法，帮助孩子养成"成长型思维"，帮助孩子从自身挖掘持久的学习动力和信心。

三、课堂小结，谈收获

（一）家长谈收获

本节课临近尾声，经过我们这节课的旅程，您有哪些收获呢？

（二）榜样动人心——尼克胡哲

你不放弃的心，比世界上的钻石还珍贵。

（三）教师小结

人对待事物态度的转变会导致截然不同的世界，不单单是这件事情的结果不同，也可能是整个人生的迥异。

教养比天性更重要，以身示范比说教更重要。与孩子站到一起，打败问题；而不是与问题一起打败孩子。亲子携手，立足成长思维，为孩子的成长赋能，不仅使我们的生命更具有光彩，而且会使孩子的生命更具有活力，成长更具有力量。

我们始终相信每一个孩子都会成就更好的自己，成长为国家的栋梁。

这就是我们这节课的目的：同心同行，携手赋能共成长！

四、布置作业

（一）基础实践作业

请家长将今天所学到的方法运用到与孩子的相处过程中，记录下您与孩子的成长小日记。

（二）延伸阅读

《让孩子为自己而学——激发孩子学习动力的秘诀》

板书设计

养"听"好习惯 育"娃"好成长

熊小莹

教学内容

培养孩子的听讲习惯牵涉面特别广。孩子的生理特点、注意力品质、预习复习的学习习惯、个体间差异、父母对听讲好的理解甚至父母对于孩子不听讲的时候该怎么沟通，都可以放在这个范畴里面。最后确定把着眼点放在认识人体差异、充分尊重个体差异上面。

教学目标

（一）认知目标

通过游戏让家长们发现每个人听讲、记忆的方式大有不同。

（二）能力目标

（1）通过学习模式量表自测，帮助家长了解自己属于哪种学习模式，并通过小组内的分享引导学生发现不同风格的人在学习时的不同，从而更好地理解孩子，尊重个体的差异。

（2）通过小组讨论、体验式活动找到适合不同学习模式的方法。

（三）情感态度价值观目标

培养家长积极有效的家庭教育观。

教学重难点

（1）通过学习模式量表自测，帮助家长了解自己属于哪种学习模式，并通过小组内的分享引导学生发现不同风格的人在学习时的不同，从而更好地理解孩子，尊重个体的差异。

（2）通过小组讨论、体验式活动找到适合不同学习模式的方法。

教学方法

本节课主要采用了体验式的教学方法。用游戏热身，用问卷调查、分析数据导入新课，安排了互动游戏，还有大量的小组讨论汇报。用动静结合的方式调整家长们的关注度，提高学习质量。

教学时长

40分钟。

教学过程

一、热身导入

（一）游戏热身

各位家长大家好，欢迎来到今天的家长课堂，坐在久违的课桌前难免会有些陌生，那让我们来玩一个游戏熟悉一下吧。

演示游戏规则。

这个看似简单的游戏需要我们手、脑、眼的共同配合，在座的家长们不但在用心地听还积极地参与练习，遇到困难的时候不放弃，就让我们用这种态度和孩子共同成长。

（二）谈话导入"好习惯"

随着孩子升入中年级后，有的家长觉得孩子大了越来越轻松，但更多的家长感到学习难度越来越大，不少家长仍然为孩子的学习担心。其实对此大家尽可以放平心态，只要孩子养成良好的学习习惯、掌握适合自己的学习方法，自然就能收获满意的学习成绩。

（三）问卷调查聚焦"听讲"

好的学习习惯有很多，各位家长觉得我们现在最亟待培养的好习惯是什么呢？在学期初的时候，我曾经做过一次问卷调查，其中有这么一道题目：

作为三年级的家长，你觉得培养孩子的哪个好习惯最重要？

A. 孩子上课会听讲，事半功倍最重要。

B. 孩子上课敢发言，让老师、同学对他刮目相看最重要。

C. 孩子回家能做家长布置的练习，什么题都会做最重要。

D. 孩子不懂就问最重要。

分析问卷：

和刚才大家选择的差不多，超过90%的家长认为会听讲是现阶段孩子需要培养的最重要的学习习惯。当然这不是说其他的习惯不重要，每一个好习惯都很重要，只是听讲是学习的开始也是最主要手段。孩子在课堂上听懂了、听会了，整个学习过程就会变得轻松很多；反之，如果课堂上如果没有听，多花几倍的时间也未必取得相同的效果。

二、认识听讲

（一）谈话

作为家长你是通过孩子的哪些表现来判断孩子上课是否认真听讲了呢？你觉得自己孩子听讲的效果怎么样？在培养孩子认真听讲的习惯方面，您有没有什么成功的经验分享给大家？

请大家回忆一下，根据自己的实际情况填写上表，并以小组为单位进行讨论，然后选一位发言人进行交流。

（二）小组讨论

讨论1：作为家长你是通过孩子的哪些表现来判断孩子上课是否认真听讲了呢？

（预设：孩子回来能复述课堂上讲授的内容。）

讨论2：在培养孩子认真听讲的习惯方面，您有没有什么成功的经验分享给大家？

（预设：培养孩子的兴趣、培养孩子的注意力……）

小结：感谢各位家长提供了这么多好的方法，让我们可以互相借鉴学习。不知道大家注意到没有？我们都主要是根据孩子回来的复述、课堂练习的正确率、老师的反馈来判断孩子听讲的效果。从这可以看出来，评价孩子听课效果好坏的标准的不只是"听"老师讲，还包含着孩子的记忆与理解。

三、认识三种学习模式

（一）体验感受学习模式的不同

大家的记忆力怎么样？现在我们就来看一小段视频考考自己吧。

请家长回答。

追问：你怎么准确记住的呢？

小结：这个视频给了大家很多无关的信息，但是大家依然能找出准确的答案，非常棒。刚才在播放这段视频的时候，大家都非常用心地在参与，但表现却并不一样：有的一直盯着屏幕，只有在数字出来的时候才记录一下；有的看看写写；有的甚至在看着窗外。而大家记的笔记更是五花八门。之所以这样是因为我们每个人的学习风格不同，我们在听讲、记忆时所经历的感知觉通道是不一样的。

（二）家长进行学习模式的自测，认识不同的学习风格

我们在认识事物或者接收信息时总是使用视觉、听觉、触觉中的一种或者

多种感官进行理解和记忆，也就是我们的学习模式的偏好，三种最常见的模式分别是听觉型、视觉型和体觉型。那么大家想不想知道自己是什么类型的学习者呢？

下面我们就一起来做一个测试，看一看你属于哪一种学习者。

对你来说最有效的学习方法是什么。

（三）小组分享

小组内自由讨论，分享各自认为最有效的学习方法。

（四）教师小结

听觉型的学习者通过听到口头说明进行学习，通过读出声音来记忆。如果你是典型的听觉型的学习者，并不意味着你只需要听一遍就能记住所学的内容，但确实意味着在大多数情况下你要听到自己说出所学的内容才能将它们有效地传送给记忆库。

视觉型的学习者通过看和观察，充分运用视觉想象来学习。典型的视觉型的学习者常常在脑中勾画出自己所学的东西，往往通过把学到的知识与它们的图像联系起来进行记忆，这样效果最佳。

体觉型的学习者通过身体参与和真正做与所学内容有关的事情来学习。这种学习者很难安静下来，父母和老师都下了苦功让孩子不要动，但这样的孩子就必须一边学一边动，否则就会掌握得不牢靠。（例子）

在学校的教学中，讲练结合、动手操作、小组讨论等等各种形式的加入，就是为了帮助每一种类型的孩子都能有所收获。要知道每一种类型的学习者都有自己的优势，只要我们家校合作、尊重孩子的个体差异、帮孩子扬长避短，每个孩子都可以做学习的主人。

四、尊重孩子个体差异

（一）认识孩子的学习模式

你们想不想知道孩子是什么学习模式？现在就对照着刚才的这个自测表和这张不同学习模式的特征表来判断一下，然后思考讨论一下。

（二）小组讨论

（1）我的孩子是哪种学习模式，和我的学习模式有什么不同？

（2）我该怎样帮助我的孩子才最有效？

（预设：充分尊重孩子的个体差异，用适合孩子的学习策略来帮助他们。）

（3）给不同学习模式孩子的学习指导。

每一种模式都有自己的优势与短板，需要的学习策略也不完全相同。通过刚才的活动我们发现，有不少孩子和自己父母的学习模式并不相同，所以很多在父母这里非常有效的方法，对孩子就无效。比如，画思维导图对于视觉型的孩子非常有效，但是对于典型听觉型的孩子用处不大。

现在就让我们行动起来，集思广益帮助孩子们。听觉型的家长们讨论一下对于听觉型孩子可能最有帮助的方法，视觉型的家长们讨论一下对于视觉型孩子可能最有帮助的方法，体觉型的家长在这讨论一下对于体觉型孩子可能最有帮助的方法，记录在锦囊单上。

（三）小组汇报

小组内自由讨论，并派代表分享对于不同学习模式的孩子可能最有帮助的学习方法。

五、课堂小结

通过今天的学习，我们发现原来听课有这么多的学问，通过自测认识了三种学习模式，通过讨论找出了可以更有针对性地帮助自己孩子学习的方法。就像德国哲学家莱布尼茨所说："世上没有两片完全相同的树叶。"尊重孩子本来的样子，才是对他们最大的爱。

六、布置作业

（1）把自测表带回家，让孩子自己做一下，看看有什么不同。

（2）和孩子讨论、选择适合他（她）的学习方法，看看孩子的学习状态有什么不同。

教学反思

首先，本课选题直击痛点。通过调查问卷的形式了解家长的需求，发现家长对于学习习惯的培养尤其是培养听讲的习惯最为关注。其次，目标清晰、个个落实。培养听讲的习惯牵扯面其实特别广，本课把着眼点就放在孩子的个体差异中的学习风格上，目标清晰明确，并且每一个目标都在课上一一落实。无论是开始的游戏、后来的自测、分组讨论寻找解决方法，都一直围绕着这个目标展开，并能做到层层推进，有效落实。帮助家长们发现自己与孩子在学习风格上的差异，并且学会了如何帮助孩子的方法。这是一堂有效的家庭教育课。再次，真正让家长成为解决孩子问题的专家，充分调动了家长的积极性，让每一个家长都参与进来。引发家长们的共鸣，很容易就参与到课堂的学习中去。

学会高质量陪伴，助力孩子快乐成长

于 彦

教学内容

现在很多家长工作比较繁忙，平时没有时间陪伴孩子，特别希望能够在有限的时间里高质量陪伴。也有一些家长为了孩子，全职在家，但是却不知道如何陪伴才是最适合孩子的。随之时代的发展，家长对孩子的期许越来越高，难免会有家长因为不知道该如何陪伴孩子，而产生焦虑情绪；因为不知道该如何帮助孩子更好地去完成学习任务，而手忙脚乱；或者因为不知如何陪伴，导致"鸡飞狗跳"。本课将从几个方面引导家长了解怎样做才是高质量陪伴，如何解决平日在陪伴孩子的过程中存在的问题，家长和孩子一起制定学习、生活计划，给予孩子一定的信任，做"刚柔并济"的父母，学会高质量地陪伴，助力孩子成长。

教学目标

（一）通过调查等方式认识到家长平时陪伴中存在的问题。

（二）借助情景活动、小组讨论等方式，主动探寻并掌握高质量陪伴孩子的方法。

（三）量身定做陪伴行动书，并利用课后时间完成。

教学重难点

（一）重点

主动探寻掌握高质量陪伴的方法。

（二）难点

认识到陪伴中存在的问题，找到解决方法并在以后生活中应用。

教学方法

（一）教法

问卷调查、个案分析、沙盘游戏。

（二）学法

角色扮演，集体讨论。

教学手段

沙盘游戏材料；多媒体视频，调查问卷；陪伴行动书。

教学时长

40分钟。

教学过程

活动一：你会陪伴吗？

（1）请家长们从桌面上的沙具中，找一找能够代表你的小动物或者物品，再选一个代表你孩子的，说一说为什么。

（2）想知道孩子是怎么选的吗？通过视频，看到孩子们的真实选择。

（3）请家长说一说看完视频的感受。有和孩子选得一样的吗？和孩子选得不一样的你觉得是为什么？

（4）分析陪伴主题调查问卷当中的数据，家长和孩子的数据是不一致的，作为家长你有什么想说的？

（5）教师小结：每位家长都希望能够陪伴孩子成长，但是在你们眼里的陪伴和孩子眼里的陪伴是不一样的。他们需要的不是你人坐在身边，更重要的是他们需要你们"高质量的陪伴"，让他们感受到你们对他们非常重视。

活动二：你如何陪伴？

（1）请家长们回顾一下自己平时是怎样陪伴孩子的？

（2）看动画视频《包子》，看完后请家长说说自己的感受。

（3）教师小结：视频中的妈妈，无时无刻不在孩子身边，对孩子进行无微不至的关怀，她的孩子感受到快乐和幸福了吗？这种陪伴不是孩子想要的。

（4）肯定有家长想说了，我平时工作很忙，基本没有时间，那怎么陪伴？请家长们再次从面前的沙具中，挑选两个动物或者物品，分别代表儿童时候的你和你的父亲或者母亲，回顾一下当年你希望自己的父母在工作繁忙之余，如何陪伴你自己？先在小组内交流一下，并在纸上写下一些关键词。

（5）请小组代表上台来介绍一下你们组的家长汇总的陪伴关键词。

（6）教师小结：陪伴是我们每个人内心都非常渴望的，高质量的亲子陪伴才能助力孩子健康快乐地成长。

活动三：如何高质量陪伴？

（1）通过刚才的小组讨论，很多家长已经初步了解陪伴中我们最渴望获得的一些感受。那就让我们回到最初的"陪伴主题"调查问卷，让我们来看看，这里面存在差异最大的问题，恐怕也是家长们最焦虑的陪伴情况。

（2）出示四种场景，请家长们以小组为单位选择一个场景进行模拟。

请一位家长扮演孩子，再请几位家长就来扮演一下自己，模拟一下平日在这种情境下我们是怎么陪伴孩子的。

（3）请扮演孩子和家长的来分享一下自己在情景表演中的感受。

（4）播放专家视频《高质量陪伴》，并在黑板上粘贴关键词。

（5）教师小结：陪伴不是简单地陪同，更不是看管和监控，这更需要我们有一定的科学方法并配以全身心的爱。

活动四：陪伴助力成长

（1）播放歌曲MV *Cats in the Cradle*。

（2）回顾我们的孩子从出生到现在，相信你的心中一定充满了无尽的关爱。回顾孩子的一路成长，肯定也有些许未能高质量陪伴的遗憾。那就让我们从今天开始，和孩子一起完成一份"陪伴行动书"，请家长们在接下来一周里能够倾听孩子内心的声音，和孩子共同制定陪伴的方案，写下孩子和家长陪伴之后的感受，让陪伴助力孩子快乐成长！

教学反思

本课中通过三个关于陪伴的追问，引发家长对于"陪伴"的认识和思考，反思自己在平时陪伴过程中的一些错误做法。借助模拟对话等方式，让家长沉浸式探寻自己内心的感受，倾听孩子的心声。并借助小组内讨论互助以及专家引领等方式，获取高质量陪伴的方法，在情景模拟中解决陪伴过程中遇到的问题。在课堂教学中，教师还可以给家长更多的感悟时间，很多家长在观看了视频之后，忍不住落泪，相信对家长内心的冲击是很大的，这时候可以多一些时间让家长自我思考和调整，可能会更有利于后续将想法落实到行动上。

参考文献

［1］耿倩倩. 班主任角色定位的深层追问［J］. 小学教学参考，2019（18）：2.

［2］李莉. 班主任专业化培训有效性的探索［D］. 上海：上海师范大学，2011.

［3］李新叶. 一位中学教师的实践性知识研究［D］. 北京：首都师范大学，2009.

［4］齐学红，黄正平. 班主任专业基本功［M］. 南京：南京师范大学出版社，2021：114.

［5］韩愈. 昌黎先生集：第四册［M］. 上海：上海商务印书馆，1920：96-98.

［6］古丽娜尔·阿卜来提. 我做班主任工作的一点体会［J］. 中国教育科研与探索，2007，（5）：118+124.

［7］惠志杰. 高中政治教师如何当好学生的生涯导师［J］. 亚太教育，2016（10）：58+36.

［8］朱亚洁. 新手教师该如何成长［D］. 兰州：西北师范大学，2017.

［9］林学君. 中学班级常规管理的现状、问题及对策研究［D］. 成都：四川师范大学，2012.

［10］张东飞. 初中班主任权威的内涵与表现［J］. 教师博览，2021（36）：12-13.

［11］苑津山. 班主任权威的复归指向与意义建构［J］. 教育评论，2020（3）：70-72.

［12］阎云翔. 礼物的流动——一个中国村庄中的互惠原则与社会网络［M］. 李放春，刘瑜，译. 上海：上海人民出版社，2000.

［13］顾明远. 教育大辞典：增订合编本［M］. 上海：上海教育出版社，1998.

［14］B.A.苏霍姆林斯基. 给教师的建议［M］. 杜殿坤，译. 北京：教育科学出版社，2000：316.

［15］梁敏敏. 陶行知"教学做合一"理念探究［J］. 文学教育（上），2021（4）：162-163.

［16］郅姣姣. 论加德纳多元智能理论与幼儿整体教育观［J］. 教育观察，2021，10（12）：51-52+57.

［17］B.A.苏霍姆林斯基. 给教师的建议［M］. 杜殿坤，译. 北京：教育科学出版社，2000.

［18］齐学红，黄正平. 班主任专业基本功［M］. 4版. 江苏：南京师范大学出版社，2021：144.

［19］林荣波. 高中班主任管理学生手机问题的困境与策略研究［D］. 广州：广州大学，2022.

［20］孙道凯. 基于阅读治疗理论的绘本教学对小学高年级学生人际交往能力的作用研究［D］. 温州：温州大学，2020.

［21］郑景梅. 初中班主任工作效能的理论与实践研究［D］. 福州：福建师范大学，2012：17.

［22］迟毓凯. 学生管理的心理学智慧［M］. 2版. 上海：华东师范大学出版社，2016.

［23］郅姣姣. 论加德纳多元智能理论与幼儿整体教育观［J］. 教育观察，2021，10（12）：51-52+57.

［24］吴凤玲. 浅谈班主任的艺术［J］. 中外企业文化，2021（5）：155-156.

［25］余水，向洁. 师范认证下《中小学心理健康教育指导纲要》的再解读［J］. 贵阳学院学报（社会科学版），2020，15（5）：96-100.

［26］罗爽，付路路. 论《家庭教育促进法》如何助力"双减"落地［J］. 少年儿童研究，2022（2）：40-43.

［27］沈潇. 家庭教育对孩子的作用和与学校教育的关系［J］. 华夏教师，2018（27）：88.

［28］齐学红，黄正平. 班主任专业基本功［M］. 第4版. 江苏：南京师范大学出版社，2021：306.

［29］许健玉. 意外伤害事件中莫忘家校沟通［J］. 教学与管理，2020（11）：19.

［30］齐永杰，齐元宝. 互联网时代家长缺乏参与家校沟通积极性的原因及引导［J］. 中国教育技术装备，2021（19）：97-99.